财会工作理论研究与实践探索

CAIKUAI GONGZUO LILUN YANJIU YU SHIJIAN TANSUO

第四辑

主编|张茂杰

中国时代经济出版社

北京

图书在版编目（CIP）数据

财会工作理论研究与实践探索. 第四辑 / 张茂杰主编
. — 北京 : 中国时代经济出版社, 2012.11
ISBN 978-7-5119-1319-7

Ⅰ. ①财… Ⅱ. ①张… Ⅲ. ①财务会计－文集 Ⅳ.
①F234.4-53

中国版本图书馆CIP数据核字(2012)第256535号

书　　名：财会工作理论研究与实践探索（第四辑）
主　　编：张茂杰

出版发行：中国时代经济出版社
社　　址：北京市丰台区玉林里 25 号楼
邮政编码：100069
发行热线：（010）68320825 68312508
传　　真：（010）68320634 68320484
网　　址：www.cmepub.com.cn
电子邮箱：zgsdjj@hotmail.com
经　　销：各地新华书店
印　　刷：北京画中画印刷有限公司
开　　本：787×1092　1/16
字　　数：223 千字
印　　张：11.5
版　　次：2012 年 11 月第 1 版
印　　次：2012 年 11 月第 1 次印刷
书　　号：ISBN 978-7-5119-1319-7
定　　价：36.00 元

财会工作理论研究与实践探索
编辑部

序　言

政以财兴，国以财立。

《财会工作理论研究与实践探索（第四辑）》的顺利出版与大家的共同努力是密不可分的，在此要感谢财经界各位同仁的关心、支持与厚爱！

编辑部历来重视每届获奖的专业论文与科研课题，因其中所蕴藏的思想财富和学术价值，为读者所熟知，在此无需赘言。我们知道这些论文和课题零零散散，难见系统，只有编辑出版才能相得益彰，蔚为大观，既便于研读考察，又利于文化积累，这就是我们编辑出版的初衷。

本辑的出版肩负了广大读者朋友们对我们的信任与期望；肩负了编辑们的责任感和使命感，编辑们不负众望、日夜兼程对本辑的论文和课题进行审校，不厌其烦地与作者们进行沟通与交流；肩负了作者们的辛勤与汗水，其中大部分稿件都是来源于多年从事财会、审计工作的骨干人员，大多是经得起实践的检验并被实践证明是行之有效的工作法宝；同时还肩负了时代赋予我们的历史使命和义不容辞的职责，促进我国财会理论繁荣与发展，推动财会学术与创新，以更好的为财会改革和经济建设服务！

纵观同类，本辑有以下几个特点：一是“一体两翼”，即以“财会工作”为一体，以“理论研究”与“实践探索”为两翼；二是“力推新人”，即为了发现人才、培育人才，使优秀的人才能脱颖而出；三是“兼收并蓄”，既是为了充分展示作者的专业水准和工作才干，也是为了维护读者的利益，对于专业论文和科研课题，编辑部一贯主张不限字数、不惜版面。

我们相信在财经界各位朋友的共同努力下，《财会工作理论研究与实践探索》一定能够发表一系列具有开创性、跨学科的研究成果，也一定能够培养一大批德才兼备的财会工作者。

编委会

2012 年 10 月

目　　录

财　会　篇

审　计　篇

财会篇

地市级地方债务问题实证研究

——以某市为例

海云桃

中国人民银行许昌市中心支行

〔**摘要**〕本文应用实证分析方法，以某市为例，对地市级地方政府债务的形式、规模、结构和成因进行了深入分析，研究了地市级地方债务的特点及对银行体系可能造成的影响，提出了加强地方政府债务管理的政策建议。

〔**关键词**〕地方债务　融资平台　预算管理

近年来，我国地方政府的债务问题及对其经济和金融领域带来的各种影响却在不断显现。本文通过对某市本级政府债务的形式、规模及期限结构等基本情况的调查，评估地方政府债务的风险及其对银行体系可能造成的影响。

一、地方政府债务的概念

所谓地方政府债务，是指由地方政府及其所属部门举借或合法担保以及在特定条件下需由政府偿还的内外债务。

二、地方政府债务的形式、规模及结构

（一）政府负有偿还责任的债务

某市本级政府债务内债最早发生于1993年，当年政府性债务余额为0.18亿元，举债主体为公路部门，债务资金来源为银行贷款，用于政府二级公路还贷。2011年末，某市本级政府负有偿还责任的债务余额为26.23亿元，较2010年末增长27.83%。

从债务举借主体看，政府部门是债务的主要举借主体。如，2010年末政府负有偿还责任的债务余额中，地方政府（含政府部门和机构）为10.65亿元、全额拨款事业单位为3.63亿元、差额拨款事业单位为0.2亿元，公用事业单位为0.4亿元，

融资平台公司为 5.51 亿元，其他单位为 0.12 亿元。如图 1 所示。

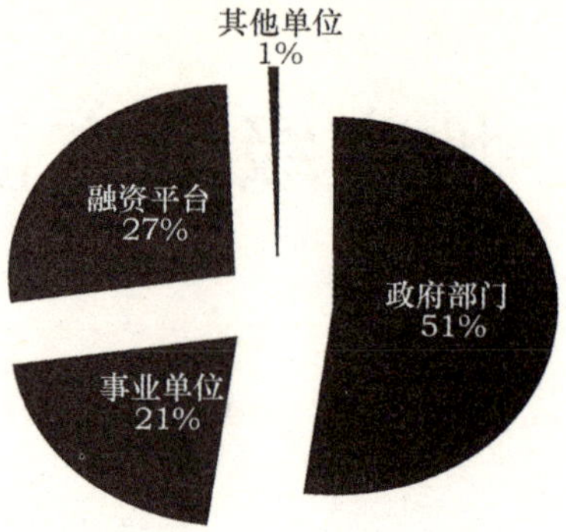

图 1　2010 年某市本级政府负有偿还责任的债务余额构成图

（二）政府负有担保责任的债务

2011 年末政府负有担保责任的债务余额为 6.70 亿元，较 2010 末增长 31.63%。

从偿债主体看，主要为地方政府和公用事业单位。如 2010 年末政府负有担保责任的债务余额中地方政府债务余额为 2.25 亿元，公用事业单位债务余额为 2.84 亿元，分别占 44.3%和 55.7%。如图 2 所示。

（三）其他相关债务

2011 年末其他相关债务余额为 7.50 亿元，较 2010 年末增长 11.28%。

从偿债主体看，政府融资平台是其他相关债务的举借主体。如 2010 年末其他债务余额中，全额拨款事业单位为 0.18 亿元，公用事业单位为 0.3 亿元，政府融资平台公司为 6.26 亿元，分别占 2.6%、4.5%和 92.9%。如图 3 所示。

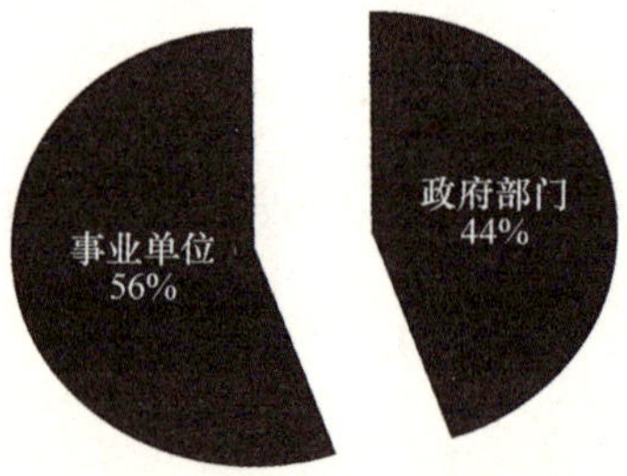

图 2　2010 年某市本级政府负有担保责任的债务余额构成图

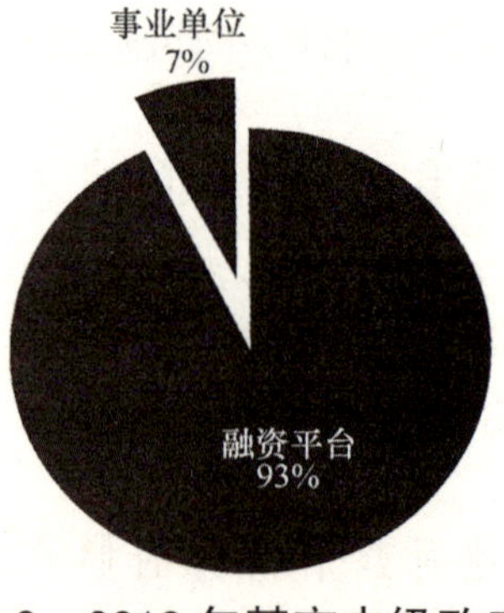

图 3　2010 年某市本级政府其他相关债务余额构成图

三、地方政府债务的主要特点

（一）债务资金的主要来源为银行贷款

某市本级地方政府债务资金的主要来源为银行贷款。如 2010 年末债务余额中，来源为银行贷款的债务余额为 18.13 亿元，占当年年末债务余额的 56%。其中，政府负有偿还责任的债务余额中，银行贷款为 8.56 亿元，占比 41.73%；政府负有担保责任的债务余额中，银行贷款为 2.84 亿元，占比 55.69%；其他相关债务余额中，银行贷款为 6.73 亿元，占比 99.9%。如图 4 所示。

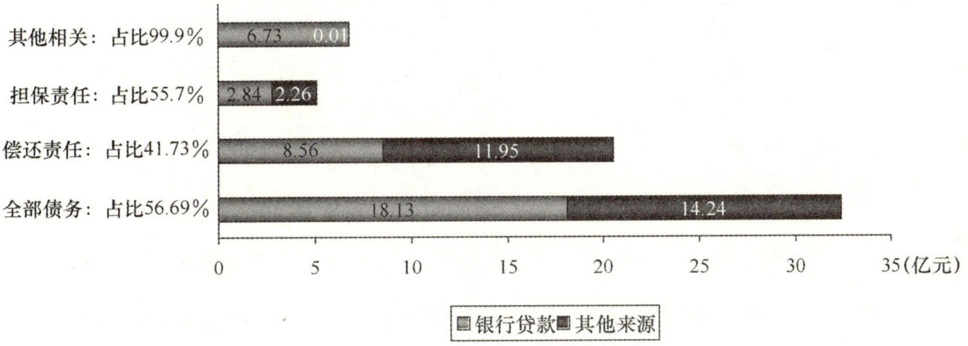

图 4　2010 年某市本级政府债务来源构成图

（二）债务资金的主要用途为公益性项目

债务资金的主要用途为市政建设等公益性项目。如 2010 年末，债务余额中，用途为公益性项目的债务余额占比达 88.6%。政府负有偿还责任的债务余额中，公益项目为 17.06 亿元，占比 83.13%；政府负有担保责任的债务余额中，公益性项目为 4.86 亿元，占比 95.51%；其他相关债务余额中，公益性项目占比 100%。如图 5 所示。

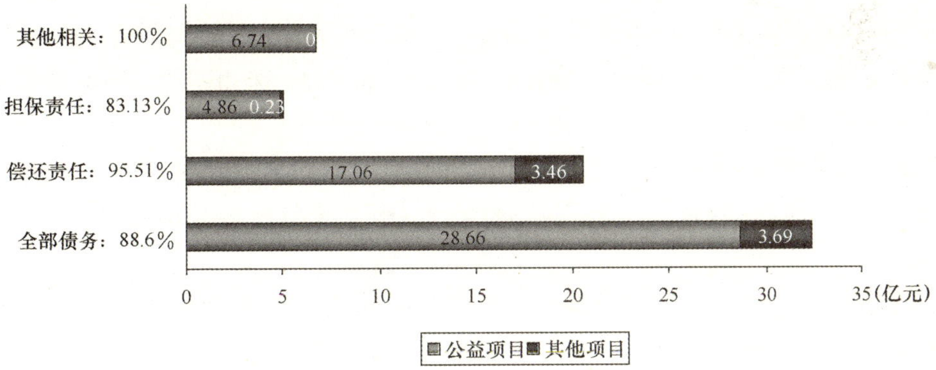

图 5　2010 年某市级政府主要用途构成图

（三）债务资金余额不断且快速增加

近年来，某市本级政府债务资金的余额不断增加，且增长速度较快。如政府负有偿还责任的债务资金余额中，2009 年、2010 年和 2011 年分别与上年末同比增长

138.69%、39.62 和 27.83%。如图 6 所示。从图 6 中可以看出：某市本级政府债务余额自 2009 年度开始，不断且快速增加。

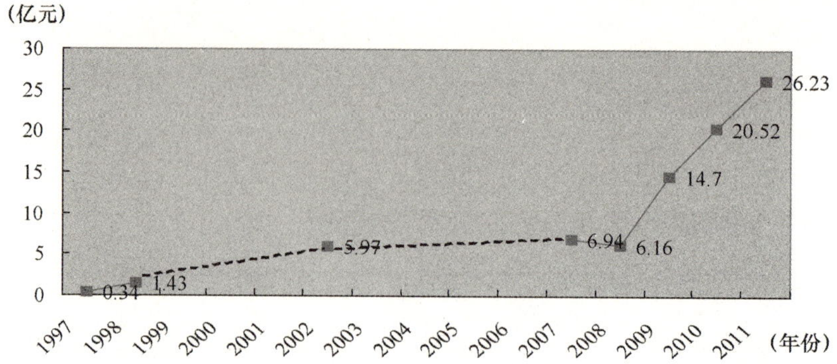

图 6　1997～2011 年某市本级政府负有偿还责任的债务余额走势

注：图中虚线部分数据缺失。数据来源：某市财政部门。

四、地方政府债务的风险分析

（一）地方政府债务存在一定的风险

衡量地方政府债务风险，通常有债务率（通常情况下，地方政府债务率＝地方政府债务余额/地方政府财政收入）和偿债率（通常情况下，地方政府偿债率＝地方政府偿还债务本息金额/地方政府财政收入）等指标。

以 2010 年末为例，某市本级政府债务余额为 32.35 亿元（包括“偿还责任债务”、“担保责任债务”和“其他相关债务”），某市本级政府综合财力为 55.63 亿元，债务率为 58.15%，低于 100%。同样以 2010 年末为例，某市本级政府需要偿还的债务本息为 4.86 亿元，偿债率为 8.59%，偿还压力不大。

地方政府债务率和偿债率均涉及地方政府财政收入。通常情况下，地方政府财政收入=地方一般预算收入+转移性收入+地方政府性基金收入+地方预算外收入。

以什么口径的地方政府财政收入计算地方政府债务率和偿债率更为科学，笔者认为从稳定性和保守的角度考虑，地方政府财政收入的纳入顺序应当为“一般预算收入”、“政府性基金收入”、“转移性收入”和“预算外收入”。计算口径越小，稳定性越强。对于预算外收入，按照财政部的有关要求，都将逐步纳入预算内，未来该项收入应该会越来越小。“转移性收入”实际上也存在着一些弹性，其稳定性不如一般预算收入。从图 7 可以看出，转移性收入在“一般预算收入”中所占比重的波幅较大，相应的稳定性较差。对于政府性基金收入，实际上主要来源于土地出让金。从图 7 中可以看出，某市本级政府的“政府性基金收入”中，“土地出让收入”占比维持在 90%左右，成为“政府性基金收入”的主要构成部分。

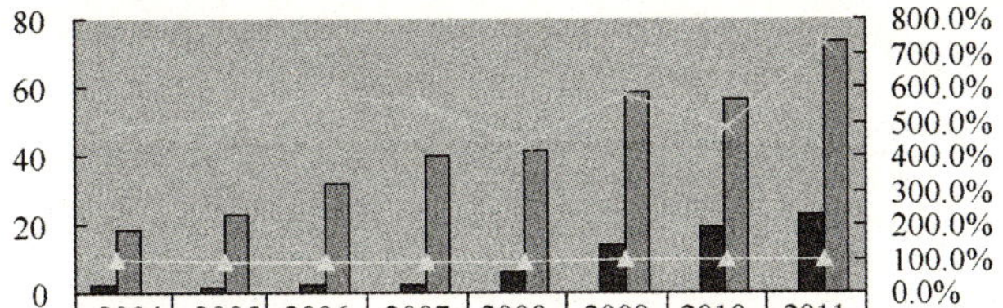

	2004年	2005年	2006年	2007年	2008年	2009年	2010年	2011年
土地出让收入（亿元）	2.03	1.17	2.02	2.07	5.91	13.73	18.95	22.77
转移性收入（亿元）	18.37	23.11	31.94	40.11	41.68	58.7	56.59	73.41
土地收入 / 基金收入	93.1%	88.6%	89.8%	86.3%	87.0%	95.1%	94.7%	94.7%
转移性收入 / 一般预算收入	478.4%	500.2%	579.7%	551.0%	440.1%	576.1%	482.4%	723.3%

图 7　2004～2011 年某市本级政府土地出让收入和转移性收入走势

从图 7 和图 8 可知，政府财政收入中，扣除预算外收入，稳定性越强，所占比重越小。按照保守的强度递减，2010 年，某市本级政府的财政收入依次为 11.73 亿元、31.75 亿元、88.34 亿元和 93.00 亿元，据此计算出的某市本级政府债务率依次为 275.79%、101.89%、36.62%和 34.78%，偿债率依次为 41.43%、15.31%、5.50%和 5.23%，债务负担不大，偿还压力较小。

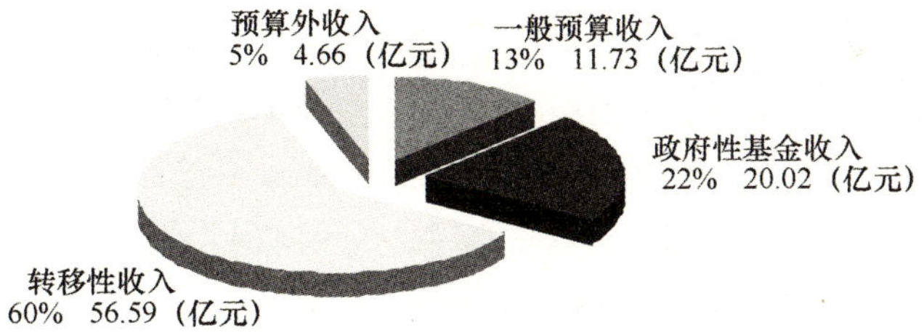

图 8　2010 年某市本级政府财政收入构成情况图

另一方面，无论是以哪种财政收入口径计算的债务率和偿债率，都没有考虑财政支出。支出发生后，地方政府基本没有盈余。从净现金流的角度看，不具备清偿存量债务的能力，仍主要依赖再融资周转，这应该是社会公众关注地方政府融资平台的一个重要原因。

（二）政府负有担保责任的债务和其他相关债务在转化为政府负有偿还责任的债务方面，存在着较大的可能性

原因主要是某市本级政府负有担保责任的债务主要集中在市属学校等部门。这些部门所收入的学费等收入通常不足以偿还其到期债务。如某高校 2010 年末，政府担保债务余额达 2.84 亿元，当年该高校的非限定性收入仅 0.19 亿元，远远低于担保债务规模。如图 9 所示，某市本级政府债务余额中，政府负有担保责任的债务余额占全债务余额的 16%，这些由政府担保的债务一旦转化为由政府偿还的债务，政府的偿还压力可能会大幅增加。

图 9　2010 年某市本级政府债务余额构成情况图

五、地方政府债务对银行体系可能造成的影响

从账户管理的角度看，地方政府融资平台在商业银行开立的银行账户属于财政专户，随着地方融资平台账户数量和资金余额的不断增加，财政资金在商业银行体系的规模将进一步扩大，且中央银行在监管此类账户与财政部门开设在中央银行国库单一账户之间资金往来的合规性方面存在一定的难度。在银根收缩的情况下，如果大量的预算资金从中央银行国库单一账户流向地方政府融资平台账户，将会增加商业银行体系的流动性，不利于中央银行的公开市场操作。

我国地方政府融资平台的繁荣始于 2008 年国际金融危机爆发后，当时为了应对骤降的外部需求，中央政府迅速发起的 4 万亿财政刺激计划。其中，中央政府出资 1.2 万亿元，而地方政府和国有企业被要求完成 70%的融资。由于地方政府不允许发行债券，向商业银行贷款便成为唯一的融资渠道。为便于融资，地方政府大多成立了融资平台，为投资项目融资，以活跃地方经济。随着地方政府债务融资平台等地方政府债务的快速增加，导致了对地方政府财政可持续性的担忧以及对中国银行体系的健康的担心。基础设施项目必须经过多年以后才能开始盈利，然而，地方政府却必须立刻开始偿还本金和利息。另外，随着近期中央政府对房地产市场调控力度的不断加强，作为政府性基金收入主要构成部分的土地出让收入以及与房地产市场相关税收收入增长放缓甚至出现下降的可能性随之增加，也预示着地方政府的财政收入开始下降，市场对地方政府债务负担的担心渐起。但是，地方政府债务风险面临的是流动性风险，而非偿付风险。一旦贷款还款期限得到延迟，这种流动性风险也将会大大降低。此外，在极端情况下，某些地方政府违约的可能性也不能排除。因为，近年来地方政府较普遍地存在着以财政对借贷进行担保的做法，这在法律上是无效的。这些情况有可能成为银行体系信贷质量方面的长期隐患。

六、地方政府债务的成因分析

（一）财权与事权划分不对称

按照事权划分规则，区域性公共物品由地方相应级次的政府提供，但由于中央与地方之间事权划分不清，近年来上级政府向上集中资金的过程中，地方政府要提供义务教育、本区域内基础设施、社会治安、环境保护、行政治理等多种地方公共物品却不断增加，还要在一定程度上支持地方经济发展。其结果是政府层层向上集中财力，基本事权却有所下移，以至于造成地方经济发展和财政收入增加的同时，相应的财力却没有增加，地方政府为完善公共服务职能不得不举债建设。同时，上级政府安排的支持地方基础设施建设等方面的专项资金，特别是 2008 年底以来中央扩内需项目大多要求地方政府按比例配套，这进一步加大了地方财政的支出压力。

（二）公共产品供给不足

随着社会经济的快速发展，需要政府提供相应的公共产品和服务。近年来，地方政府为谋求经济发展，大力进行城市基础建设投资。但是有限的财力与基础设施建设的高额投资需求经常形成矛盾。地方政府为了更快地促进当地经济发展，通过多种方式举债，采用“负债经营、举债建设”的方式，加大交通、城建、市政设施等基础设施建设投入。地方政府举债，为加快地方基础设施、社会事业等方面建设投入和加速经济发展提供了可能，但同时造成了地方政府债务越负越重。

（三）产业园区建设增加了政府债务总量

地方政府为转变产业结构，发展重点战略产业，大都建设有产业集聚群等产业园区。地方政府在产业园区前期建设的过程中，很大程度上依靠举债来完成。这也造成了“产业园区在促进当地经济发展，为当地提供更多就业机会和增加地方政府财政收入”的同时，增加了地方政府的债务总量。

七、对地方政府债务的总体评价

近年来，某市政府重视政府性债务管理工作，采取多项措施规范债务管理，化解历史债务，有效防范了政府债务风险。在此基础上，某市地方政府通过举债融资，支持了地方经济和社会发展，完善了政府公共服务职能，改善了城市基础设施条件。如，某市城区面积从 2002 年的 26.2 平方千米扩展到 2010 年的 80 平方千米；城市道路通车总里程从 1997 年的 107 千米增加到 2010 年的 250 千米。供水管理长度由 1997 年的 154 千米增加到 2010 年的 429 千米，某市政府还积极探索多种建设模式，通过 BT 模式（BT 是英文 Buildt 和 Transter 的缩写形式，意即“建设—移交”，是政府利用非政府资金来进行基础非经营性设施建设项目的一种融资模式。）建设了某市会展中心等文体场馆，丰富了群众物质文化生活。总体来讲，相对于某市本级政府的财政实力而言，地方债务总体安全、风险可控。

八、关于地方政府债务管理的意见和建议

（一）进一步促进经济发展，不断扩展财力来源

促进地方经济发展是解决地方债务负担的关键。政府财政等相关部门认认真研究财政体制和宏观经济政策的发展趋势及财政的影响，有针对性地采取措施，在保持主体财源、拓展新兴财源、培育后续财源上下工夫，加快实施产业结构调整和区域经济发展战略，增加地方财政收入、构筑多元化、全方位的新型财源体系，增强地方政府综合财力，从根本上提高地方政府的偿债能力。

（二）加强对地方政府融资平台的金融监管力度

融资平台大多为城市投资企业，该类企业名称虽然为公司，但在实际中，大多数没有实现完全意义上的商业化运作。部分融资平台公司存在着“实物资产产权手续不完整”、“货币资金出资未达到规定比例”等公司治理问题。鉴于地方政府融资平台公司与同级政府的密切关系，有关部门应进一步加强其在进行注册、登记、开立账户等过程中的监管力度。作为人民银行，一是应进一步配合财政等部门做好地方政府融资平台的清理规范工作；二是加强部门之间配合与协调，密切跟踪监测银行信贷资金投入融资平台的新情况、新特点，以及地方政府债务规模和发展趋势，加强商业银行信贷风险预警提示；三是积极引导商业银行规范信贷管理，加强地方政府债务风险识别和风险管理，确保贷款符合国家规划和产业发展规划和产业发展政策；四是积极探索建立与社会主义市场经济体制相适应的、管理规范、运行高效的地方政府举债融资机制。

（三）提高政府预算管理水平，规范地方政府举债行为

目前，地方政府债务管理中存在的很多问题与其预算管理水平不高有较大关系。因此，应当切实采取有效措施，努力实现地方政府预算管理的科学化和精细化。

一是深化财税体制改革，逐步解决地方政府财权与事权不匹配的问题；二是改善预算支出结构，逐步向发达国家政府支出的经济分类法过渡，即将政府支出分为经常性支出和资本性支出，规范管理地方债务；三是提高预算执行效率，减轻政府财政压力，如积极规范推动地方国库现金管理，从而增加国库资金收益，减轻政府资金压力；四是应当允许更多有条件的地方自行发债，坚决制止隐性债务，不断提高地方债务管理的透明度。

如何备战新三板？——中小企业挂牌财务问题解决之道

刘强安　王　佐　刘志杰

金蝶国际软件集团有限公司

〔**摘要**〕新三板即将推出，渴望直接进入资本市场进行股权融资的中小企业面临一次重大的机遇。很多企业在积极备战新三板。在准备过程中，彻底、完整地解决企业存在的财务问题对企业新三板挂牌具有十分重要的意义。如何解决好财务问题，将是拟新三板挂牌企业面临的重大课题。本文探讨了中小企业挂牌过程中的一些财务问题，并提出了解决问题的一些思路。

一、我国多层次资本市场体系建设及新三板的概念

以上海证券交易所和深圳证券交易的建立为标志，我国的资本市场已经走过了21年的历程。中国资本市场，在这21年的发展过程中，取得了举世瞩目的成绩，在融资、优化资源配置等方面对我国经济发展发挥着重要的作用。但同时，我们也应该看到我国资本市场建设还存在很多问题，市场规模相对小，市场投机现象严重，尤其是资本市场结构很不合理，没有形成多层次资本市场体系。应该说中国资本市场之所以屡屡出现问题，与市场规模小、市场结构不合理、金融工具单一有关。中国应大力发展多层次资本市场。

我国多层次资本市场构架如图1所示：

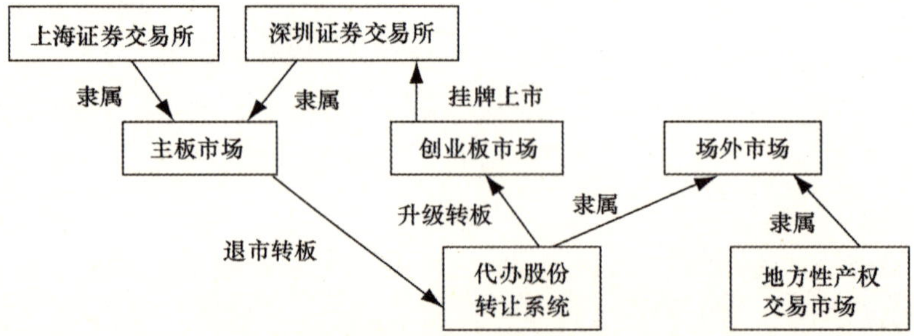

图1　我国多层次资本市场构架

三板市场的全称是“代办股份转让系统”，于2001年7月16日正式开办。目前在三板市场，一方面，由指定券商代办转让的退市后的上市公司股份提供继续流通的场所。另一方面，在特定时期，三板系统也解决了原STAQ、NET系统历史遗留的数家公司法人股流通问题。而“新三板”市场特指中关村科技园区非上市股份有限公司进入代办股份系统进行转让试点，因为挂牌企业均为高科技企业而不同于原转让系统内的退市企业及原STAQ、NET系统挂牌公司，故形象地称为“新三板”。对企业来讲，新三板的存在，可以为高新技术企业的融资提供有别于银行贷款和政府补助之外的渠道。直接的股权融资将会成为新三板企业的重要融资渠道。另外，登陆新三板的公司，必须在专业机构的指导下先进行股权改革，明晰公司的股权结构和高层职责。并且必须比照上市公司的要求进行信息披露。这样无疑对企业的规范管理和健康发展起到巨大的促进作用。对投资者来讲，新三板的特殊交易机制，使得价值投资成为可能。对于投资者，购买新三板挂牌公司的股权，短期内不易收回；即便收回，投资回报率也不会太高。一方面，这种机制保障了在新三板投资更适合以价值投资的方式。当然，另一方面，新三板制度的确立，也保护了投资者，使股权投资更加安全。新三板的挂牌公司的股权投融资行为都被纳入正式统一的交易系统，并且还会受到主办券商的督导和证券业协会的监管指导，这样无疑比投资者单方力量更能抵御风险。新三板为私募股权基金提供了新的退出方式。股份报价转让系统的搭建，对于投资新三板挂牌公司的私募股权基金来说，成为一种资本退出的新方式，挂牌企业也因此成为私募股权基金的另一投资热点。

二、中小企业普遍存在的财务问题

1．没有遵守会计准则进行账务处理

会计准则是企业财务会计制度的根本，更是企业进行账务处理、信息披露的基本法律法规。拟新三板挂牌企业在遵守会计准则方面存在着一些问题，可以归纳为：（1）资产减值准备计提不合规；（2）收入确认方法模糊；（3）在建工程结转不恰当；（4）投资收益与公司经营收益混淆，确认不当；（5）借款费用资本化不正确；（6）合并会计报表中特殊事项处理不当；（7）无形资产长期待摊费用年限确认随意。一些企业在遵循会计准则和会计政策上存在一些问题：违反一贯性原则，随意变更会计估计；随意变更固定资产折旧年限；随意变更坏账准备计提比例；随意变更收入确认方法；随意变更存货成本结转方法；等等。

2．会计核算和财务管理基础薄弱

新三板挂牌企业的基本条件之一便是会计核算和财务管理运行规范。拟挂牌企业，大多是中小民营企业，在规范管理上存在很多的问题。有一些企业没有建立会计核算制度、资产管理制度、财务管理制度；有一些企业虽然建立起了一些制度，但有“规”不依，记录、凭证、报表的处理不够规范，甚至错误，内容上无法衔接或不够全面。至于为企业经营服务的成本管理、预算、资金计划等财务管理制度建设和执行方面，则更是欠缺。

3．内部控制不健全

企业内部控制是主办券商尽职调查和审核时关注的重点，也是证券业协会等主管备案审查的机构评价的核心。内部控制贯穿于企业管理活动的方方面面，比如投融资活动、费用审批、销售活动、采购活动、往来客户的结算、资金收入和支出、利润分配，等等。由于企业流程设置不科学、制度建设不完整、授权和监督反馈机制没有确立等原因，造成中小企业内部控制存在很多问题，使企业经营暴露于风险之中，阻碍了企业朝更大规模的方向发展。

4．盈利规划不科学

企业的营利性，是企业价值被资本市场认可的核心指标。无论在主板、创业板进行上市融资，还是在新三板挂牌进行股权交易，企业的盈利规划都是十分重要的事。一个受资本市场青睐的企业其盈利的持续性、合理性和成长性都显得至关重要。但是大多数中小企业并没有做到盈利合理的增长。一些企业由于各方面的原因，在上市前些年份没有释放真实的收入，等到要上市或者挂牌了，才进行冲刺，这样无疑会带来很多问题。盈利规划主要包含盈利规模、盈利能力、盈利增长速度三个方面，必须考虑与资产负债、资金周转等各项财务比率和指标形成联动和统一。当然，盈利规划只是科学地对企业的盈利释放进行合理安排，与人为的“包装”并不一样。

5．税收方案安排不妥当

税收问题是中小企业挂牌前必须面对的一个大问题。大多数中小企业，在发展过程中由于各方面的原因，完全体现出利润的企业并不多见。一般企业都有两套账：内账和外账。内账是记录企业真实情况的账务；外账则是应对税务的账务。挂牌前企业，如果把真实的利润体现出来，必须面对税务处罚和调账的影响。这么做甚至会被认定为偷税漏税。所以对想进入新三板的企业，必须对挂牌前的税收，结合盈利规划提前进行筹划。

6．关联交易虚增收入

关联交易是构成阻碍企业 IPO 上市或挂牌实质性障碍的原因之一。企业之间进行交易，完全没有关系是不可能也没有必要的。比如，老客户之间的交易、上下游企业进行经常性交易活动。但是，对于关联交易的认定主要从考虑公开公司与关联公司之间利益输送之间的关系。很多拟挂牌企业，存在与拟挂牌企业同行业的企业，或者家族内存在竞争性的企业等。这样便有可能出现内幕交易、利润转移、税负回避、市场垄断等问题。另外，拟挂牌企业，在挂牌前可以利用关联交易，虚增收入。会计上对关联交易处理不当，会构成挂牌实质性障碍。如图 2 所示。

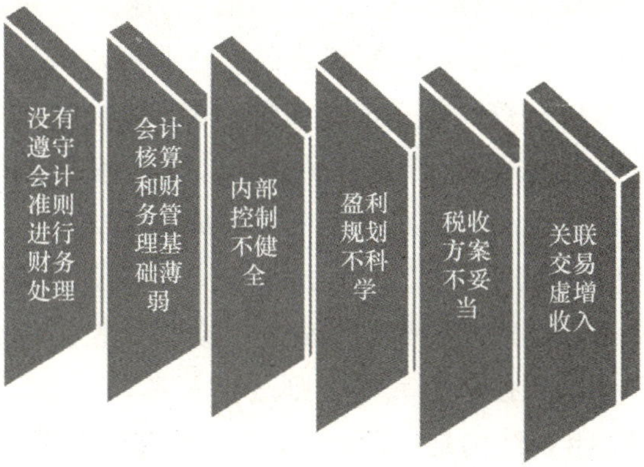

图 2　新三板挂牌企业存在的财务问题

三、新三板挂牌企业财务问题解决的建议

无论企业 IPO，还是新三板挂牌，都是中小企业一次破茧化蝶的过程。企业一旦进入到公开股票（权）市场进行融资，就必然以公开披露企业的财务信息为代价。财务规范是企业 IPO 或挂牌必要的基础。正如上面所提到的大多数企业特别是中小企业，财务基础比较差，财务管理薄弱，内部控制不健全，会计核算没有按照会计准则的要求进行处理。中小企业若想成功在新三板挂牌，必须解决好企业内部存在的财务问题。

我们分三个层面探讨新三板挂牌企业财务问题解决思路方法：技术层面，组织结构层面和资源整合层面。

从技术层面分析中小企业新三板挂牌企业存在的财务问题，就是要解决会计准则遵循、会计核算、内部控制、盈利规划、税收筹划和关联交易等问题。这些问题往往是相互关联的。一个企业会计核算基础清晰、严格遵循会计准则、企业内部控制的要求来进行账务处理、控制管理，那么其他的问题相对就较少。会计核算规范，就是要求企业按照会计制度的要求进行记账、凭证填制、报表编制以及档案管理、单据审核等。一个企业的会计核算基础好，意味着账目清晰、企业管理基础好。会计准则遵循必须注意一些特殊事项的会计处理，比如收入准则对收入确认的要求、借款合同对借款费用资本化的确认标准、资产减值准则对资产减值的规定、合并报表对合并报表范围的确定和处理方法等。规范的账务处理必须符合这些会计准则的要求，否则在挂牌前的会计审核中就会被要求调整。内部控制越来越成为企业 IPO 或者挂牌关注的基础要求之一。一个强健的内部控制体系不仅说明企业风险防范能力强，更对上市挂牌后股东利益的保障增强了信心。建立完善的内部控制体系，要求企业必须在结合自身业务流程基础上，运用适当的授权、审批、职务分离、监督等手段，使企业的经营管理处在可以控制的状况之下。发布的《企业内部控制规范》可以成为企业建立自身内部控制体系的参考性标准。税收筹划需要和盈利规划一同考虑。前面提到中小企业一般都存在少体现利润、少缴税的问题。挂牌前，企业需要把利润体现出来。体现利润，就必须把税收的成本考虑进去，进行税收筹划。当然，补税意味着企业必须拥有充足的现金流保证。关联交易的处理，首先是要划分哪些交易属于关联交易。另外，对于关联交易，会计处理需要按照关联交易准则上的要求，对交易的价格需要按照公允性原则进行入账。

一个事情要完成，组织结构是保障。没有人、没有组织是任何事情都做不好的。中小企业存在那么多财务问题，无不和财务人员素质不高、财务组织不健全有关。所以，提升中小企业财务规范水平，必须从这方面着手。企业挂牌，对企业的整体管理水平是一个提升。尤其是对企业的财务管理水平是个考验。财务已经不能使原先的一摊糊涂账能应付过去的。企业老板需要明确这一点。走上资本市场，财务的职能将是挂牌企业最为重要的职能之一。需要改变原先不重视财务，不投入财务的思想和做法。

按照正常的程序，企业新三板挂牌只需要 6～9 个月时间。在企业改制、挂牌的过程中，完全依靠内部的财务力量是不能完全胜任的。这时，需要引入外部的财务顾问，帮助企业梳理账务，解决企业中存在的疑难问题。这是资源整合层面的问题。企业新三板挂牌，还需要引入律师、会计师、券商等机构对企业进行辅导，全面提升企业的内部管理水平。所以，解决中小企业财务问题，进行资源整合是一条重要的路子。

四、结束语

总之，新三板的推出为中小企业直接股权融资提供的一条现实可行的渠道。同时，对企业的财务处理提出了更高的要求。我们应该就影响挂牌的问题，进行具体分析寻找出更好的解决方案。

企业集团对多元化子公司财务风险的识别

——等级全息建模方法的运用

张知

深圳创维数字技术股份有限公司

〔**摘要**〕企业集团多元化经营，其下属成员子公司众多，由于管理幅度与跨度的限制及信息的不对称，如何识别多元化经营子公司的财务风险是企业集团风险控制的关键点。等级全息建模是一种对复杂、多维度、多系统进行风险识别的方法，本文通过等级全息建模在企业集团多元化经营中风险识别的运用，为企业集团多元化经营财务风险的识别建立一种新的方法。

〔**关键词**〕企业集团　多元化经营　等级全息建模　财务风险识别

引言

企业集团多元化经营又称“多角化经营”，是企业集团在充分利用集团现有资源和优势的前提下，为加速企业集团的成长与扩张、培育新的增长点而实施的战略选择。等级全息建模（Hierarchical Holographic Modeling，HHM）是一种全面的思想和方法论，目的在于展现一个系统（在其众多的方面、视角和维度中）内在的不同特征和本质。术语“等级全息”指的是希望了解在系统不同层面上出现的问题是什么以及希望有一个系统的多个视角图像。

等级全息建模主旨思想：复杂系统及其组成部分无法以单一视角、用单一模型来描述，用多个独立的描述模型则不利于模型间的通信，将复杂系统以互补、协作的方式分解为部件、子系统等层次，每一层次都是完整系统的某一特定视角结构。HHM 努力的结果就是组成备选情景模型。可以更便利地评估子系统的风险以及其对其他系统风险的影响。反复修正这个 HHM 框架使其最终可以捕获所有的风险来源。

企业集团多元化经营由核心企业母公司和多元化经营的成员企业子公司组成。如何有效识别多元化经营子公司的财务风险，是实施企业集团财务风险控制的关键点。

一、企业集团多元化经营的相关风险

（一）企业集团多元化经营的主要风险

企业集团多元化经营面临诸多风险，主要为：（1）会导致企业集团内原有经营产业被削弱的风险；（2）企业集团整体的市场经营风险增大；（3）企业集团面临未来持续投入的风险；（4）企业集团内部经营需要重新整合的风险；（5）子公司行业竞争激烈，可能导致市场经营失败的风险；（6）子公司因多种原因深陷行业经营失败时，如果没有止馈的措施，企业集团也面临如何退出子公司所在行业的风险。

（二）我国企业集团多元化经营的特殊财务风险

我国企业集团因历史沿革，也面临较多特殊的财务风险，主要为：（1）许多企业集团是政府主导型的国有体制，承担较多社会责任，加重了企业集团财务风险；（2）子公司管理层为了实现“内部人”的利益，当各单个子公司财务目标与企业集团整体财务目标不一致时，多元化子公司“内部人利益”强化会引发集团的财务风险；（3）多元化企业集团拥有多个多元化投资主体，母公司通常为子公司提供财务担保，子公司之间也会相互提供担保，信息不对称下的连带担保引发诸多财务风险；（4）企业集团内部以产权为基本纽带，母公司以控股方式实现对子公司的控制，财务杠杆的使用放大了资本，集团内财务杠杆效应会带来较高的财务风险；（5）多元化经营性现金流的断裂引发的财务风险；（6）对子公司信息的失真，导致财务决策失误的风险；（7）企业集团母公司对子公司风险管理及监控不足引发的风险。

二、企业集团多元化经营财务风险的识别

（一）企业集团对多元化经营子公司财务风险识别的步骤

风险识别是风险分析及整体风险控制过程中关键的一项风险事项。只有准确掌握企业集团多元化子公司财务风险的类别、成因及影响，才能对风险评估和风险应对等风险事项确定方向，进而制定出有效的风险控制措施。

企业集团多元化经营子公司财务风险的识别就是运用各种方法，系统地辨别多元化经营的多种问题，使子公司所面临的各种财务风险与引发财务风险的各种因素，经分析风险状态及其对企业集团财务运作造成的威胁和影响后，对风险进行分类处理，为风险的进一步控制与防范提供依据，风险识别的主要步骤如下：

（1）收集和分析历史数据。如，对新产品开发风险进行识别前，首先应收集与新产品开发活动有关的市场资料，如市场调查报告、已有的风险时间表等，为风险的辨识提供依据。

（2）运用风险坐标图法、“Z 值”模型、蒙特卡罗方法、头脑风暴法、功效系数法、专家调查等方法进行风险的全面了解，分析风险点，以识别潜在的风险因素。

（3）风险识别的分析。采用有关风险识别理论，通过环境分析法、故障树、鱼骨图、风险清单、工作结构分解等分析确定主要风险源。

（4）通过有关专家评审和分析会，确定可能面临的风险以及形成这些风险的因素，描述风险症状，为下一步的风险应对及防范奠定基础。

（二）等级全息建模方法在多元化经营财务风险识别中的应用

为了获得企业集团多元化经营财务风险众多来源的各个方面，从多个方位和多角度来认识多元化子公司财务风险，采用一定的方法进行多元化经营财务风险的识别。

基于前文的分析，本文将企业集团多元化经营的财务风险分别编入不同层级，并根据相互关系绘制一张全息的风险图像，见企业集团多元化经营财务风险识别的等级全息建模。HHM 建模采用了一个反复迭代的方法来提供一个确定所有风险的结构。如果使用 HHM 的观察视角没有确定一个风险来源，则可以使用一个新的分解来继续扩展该模型的分析，最终可以捕获企业集团多元化子公司财务风险的所有来源。

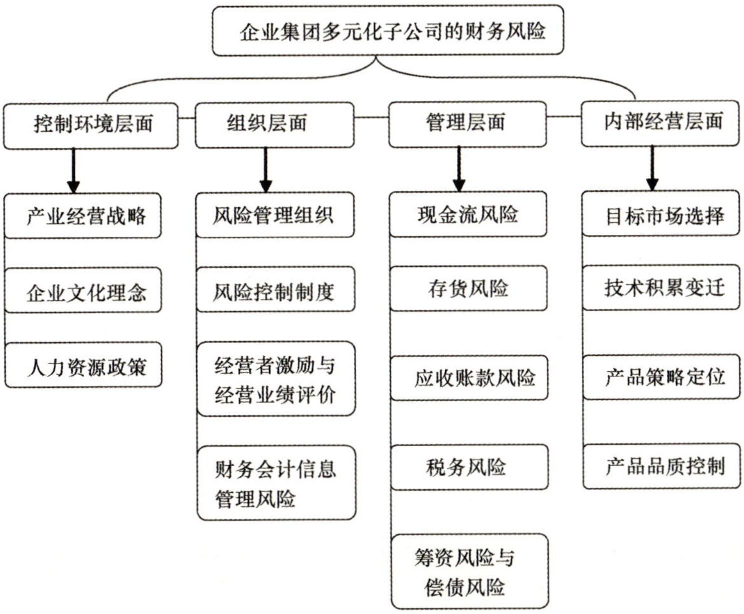

以上通过等级全息建模方法在企业集团多元化经营对子公司财务风险识别中的运用举例，可以有效地甄别企业集团多元化经营中子公司的财务风险。企业集团运用等级全息建模的方法，还可应用于企业集团投资风险、筹资风险、流动性风险、财务收益分配风险等的风险识别，从而为企业集团构建财务风险控制体系，建立了重要风险控制的前馈程序。

参考文献：

[1] 陈月明. 企业集团财务问题研究[M]. 大连：东北财经大学出版社，2007.

[2] Yacov Y. Haimes. 风险建模、评估和管理[M]. 胡平，译. 西安：西安交通大学出版社，2007：36～42.

[3] 李维安，武立东. 企业集团的公司治理：规模起点、治理边界及子公司治理[J]. 南开管理评论，1999（4）：4～8.

[4] 汤谷良，王斌，杜菲，等. 多元化企业集团管理控制体系的整合观——基于华润集团 6S 的案例分析[J]. 会计研究，2009（2）.

[5] COSO. 企业风险管理——整合框架[M]. 方红星，王宏，译. 大连：东北财经大学出版社，2005-08.

医院绩效管理引入平衡计分卡的可行性分析

韩冬青

焦作市五官医院

〔**摘要**〕本文拟从平衡计分卡的角度，分析运用平衡计分卡的方法开展医院绩效管理的可行性，探讨如何运用平衡计分卡的方法建立符合公立医院使命与特点的绩效评价体系和方法。

〔**关键词**〕平衡计分卡　医院绩效管理　可行性分析

公立医院的公益性作为医疗卫生改革和未来卫生工作的方向，所承担的公共卫生职能的执行效率以及实现社会效益的最大化决定着医院战略发展目标实现的进程，科学的绩效考核机制是衡量、调整、促进这一目标实现的重要手段，通过科学的绩效考核来打造以人才为核心的竞争力，充分发挥员工的积极性和潜在能力，实现医院的使命、推动医院的发展。笔者结合医院实际在分析医院绩效管理工作存在问题的基础上，对医院引入平衡计分卡制度在医院绩效评估中的可行性进行了初探。

一、平衡计分卡的概述及发展

平衡计分卡是由哈佛商学院的罗伯特·S.卡普兰教授和诺朗诺顿研究所所长大卫·P.诺顿于 1992 年发明并推广的一种全新的绩效管理方法。用其创始人的话来说："平衡计分卡是一种绩效管理的工具。它将企业战略目标逐层分解转化为各种具体的相互平衡的绩效考核指标体系，并对这些指标的实现进行周期性的考核，从而为企业战略目标的实现建立起可靠的执行基础。"

平衡计分卡是绩效管理的重要工具，它从顾客、内部流程、财务和学习与成长等四个层面来进行绩效评价，包括传统的财务指标和驱动未来财务效益的非财务指标。通过几个维度的评价力求实现四个平衡：外部衡量和内部衡量之间的平衡，所要求的成果和这些成果的执行动因之间的平衡，强调定量衡量和强调定性衡量之间的平衡，短期目标和长期目标之间的平衡。平衡计分卡可以让管理者很清晰地知晓，通过学习与成长提高职工知识、技能，以此推动单位内部工作流程有效改进，继而向顾客提供更优质高效的服务，最终实现单位的持续健康发展战略目标的实现。《哈佛商业评论》把平衡计分卡称为“75 年来最具影响力的战略管理工具”。

二、平衡计分卡在国际、国内医院的应用

平衡计分卡最早起源于国外，刚开始主要在企业中应用，20 世纪 90 年代末期，其先进的绩效管理理念开始被越来越多的行业关注，纷纷开始引入平衡计分卡进行战略管理。随着我国医疗改革的不断深入，一些医疗机构也开始将平衡计分卡导入医院进行医院管理，并取得了良好的效果。

（一）国外应用的情况

20 世纪 90 年代末期，美国的管理型医疗组织开始将平衡计分卡引入医院绩效管理，并开发了用于医疗机构的平衡计分卡，对医院的绩效管理进行评价，取得了明显成效，应用的范围也逐渐从绩效管理扩大到医院战略管理。此后平衡计分卡在澳大利亚、加拿大、瑞典、英国、荷兰等国家的一些医疗机构也相继成功推行。

（二）国内应用的情况

1996 年上海博意门的管理咨询专家首次将平衡计分卡引入了中国，成功实施第一个平衡计分卡项目。进入 21 世纪后，上海曲阳医院、重庆市第九人民医院等一些内地医院开始在单位内部推行平衡计分卡，经过一段时间的推行和实施，初步发现引入平衡计分卡可有效地解决医院绩效考核的某些弊端，克服了传统的仅依靠财务指标进行绩效评价的滞后性，为医院人事改革、经济核算、全面质量管理等相关管理工作的深入拓展创建了更为有效的激励平台，在一定程度上控制了医疗费用过快增长，促进医患关系和谐发展。

三、现阶段医院绩效管理中存在的问题

（一）未建立完善的绩效考评体系

现阶段，医院还没有建立起完善的绩效考评体系，绩效考评仅限于对各科室的年度工作业绩考核，考核指标也多集中在科室业务收入方面，在履行质量管理检查时才会涉及对医德医风方面、医疗质量、教育培训等方面的考核，但考核的结果未与医院的战略目标相联系，仅用于发奖金和优秀员工奖励，没有按平衡计分卡的指标要求建立多角度的绩效考评体系，基本属于短期行为，存在“为考核而考核”的

现象。许多员工不了解医院的整体目标和工作计划，更不能将自己的工作行为与战略相联系，这样的考核机制导致医院的管理者很难把工作的重点放在组织长远的绩效影响上，未能体现出与业绩相关的激励效果，不利于医院的长期可持续战略发展目标的实现。

（二）医院缺乏整体性目标，使命不明确

医院的功能是融医疗、教学、科研三项为一体的，但目前医院的三项工作却各自独立开展，缺乏整体战略目标对其进行引导，导致医院的内部资源分配和利用经常处于无序状态，加上医院的使命不明确，缺乏科学正确的导向，而是把追求利润和经济利益放在首位，淡化了公立医院的公益性，进而产生趋利行为，没有体现出公立非营利性质，更无法体现公立医院救死扶伤的革命人道主义精神，结果使得医患关系日益紧张。

（三）医院整体管理水平明显滞后

医院生存和发展靠优质的医疗技术和服务，但管理如果跟不上，医院也无法长期生存和发展。目前医院的管理水平明显滞后于整个企业的管理水平，医院的管理者大多是医疗业务出身，科班出身学管理的不多，多是半路出家，对医院的管理存在“头痛医头，脚痛医脚”的现象。面对激励的市场竞争，发现营销需要提升，就很重视营销，不考虑医院的整体预算安排，而是花大代价作营销广告宣传；若发现客户对服务比较关注，就不惜一切对服务进行提升，但对服务提升却仅仅集中在导医、护理人员的形象和礼仪及医院外在的形象及硬件的改善上，而对内部病人到医院就诊时医生接诊的流程、内在环境卫生等方面却关注不多。

四、引入平衡计分卡提升绩效管理的设想

（一）成立组织，制订明确的实施方案

成立平衡计分卡导入领导小组，明确该小组由医院一把手牵头，其他院领导、部分职能部门主任、优秀科主任为小组成员，制订详细的实施方案，对平衡计分卡的指标和权重设置进行讨论、研究和确定。进行全员培训动员学习，对平衡计分卡和医院的战略绩效管理进行宣传。明确医院的使命，确立医院发展战略目标，并归结出促使战略成功的关键因素，分析各个具体目标的绩效指标，制定组织的年度发展目标，并将目标分解到各个科室，形成统一的指标化语言，并制定评价标准和方法，形成医院层面和科室层面的考核方案和行动方案。通过平衡计分卡的四个层面对每年的经营结果进行评估，以检验医院战略的效果，结合执行的战略展开反馈工作，不断修正完善实施方案和指标权重。

（二）平衡计分卡指标设置

平衡计分卡的四个层面既相互依存又相互作用，牵引医院均衡发展。学习与成长层面、内部流程层面、顾客层面是财务层面实现的前提和驱动力，财务层面是上述三个指标绩效的结果和最终体现。现借鉴和参考河南省卫生厅发布的《2012 年河南省二级以上医院十大指标宏观监控考核评价细则》的有关指标体系，采用一定方法对其进行筛选，将其 10 大指标按平衡计分卡的四个维度进行归类，确定平衡计分卡四个维度的各自的权重和内容，每个维度下有一级指标、二级指标和三级指标，并结合医院实际情况，对平衡计分卡具体指标设置提出如下设想：

1．财务层面

财务层面能够反映医院最直接、最综合的绩效状况，反映医院运行的综合结果，是医院现实目标与长远目标的桥梁。显示医院的战略及其实施和执行是否正在为最终经营结果的改善作出贡献。该层面战略目标是医院怎样才能实现良好的收益？即“如果医院想长期发展，我们应该如何来组织实现收入？”在对财务层面数据收集时把十大指标考核细则中的第八项“医院经济管理及患者医疗费用控制指标”纳入该层面进行控制，建议采用资产利用效率、收支结余、病人平均费用水平等指标来衡量。

2．顾客层面

顾客层面的战略目标是创造病人忠诚度，医院要生存和发展，必须坚持“以病人为中心”的服务理念，医疗服务必须更加关注病人的需求，创造出更多让顾客满意的产品和服务。必须定位适合我们发展的客户群体，表达的主体是“怎样满足顾客和社会的需求？”在收集该层面数据时，把十大指标考核细则中的第七项“履行公共卫生职责指标”和第十项“党风廉政建设及行风建设工作指标”纳入该流程考核，可采用病人满意度、病人期望、社会满意度和政府满意度来衡量。

3．内部流程层面

医院的内部流程战略目标是品质保证。要以病人的需求和医院的长远发展为起点，以满足病人要求和医院长期发展为重点，适时对内部流程进行调整改进，促进医疗服务的提升。医院要确定内部流程的主题即“我们怎么做，才能实现收入目标？为满足病人需求，哪些流程必须进行有效改进？”把十大指标考核细则中的前六项指标“医疗安全指标、医护人员配置指标、药品收入占业务收入比例控制指标、基本药物使用比例指标、实施临床路径管理病种指标、诊疗服务指标”纳入该层面进行考核。平衡计分卡的理念是要对工作流程进行描述，在描述的基础上进行衡量，最后实现管理目标。所以要尽可能优化工作流程，进一步提升服务水平。可采用平均住院日、病床使用率、诊断符合率、医德医风等指标来衡量。

4．学习与成长层面

该层面的战略目标是开发核心竞争力。员工的素质直接影响到医院的具体工作的实施。医院必须创新学习能力，促进员工不断学习与成长，并形成一种良性循环，在医院内部形成学习能力和创新能力的良好文化，最终实现医院的可持续发展。员工要给自己定位，即“我有没有能力去为病人做好服务，怎样提升自己的知识和技能才能与改善关键流程保持协调一致？医院怎样保持持续创造收益能力？”把十大指标考核细则中的第九项指标“临床科研及科技创新指标”纳入该层面进行考核，可采用发表论文专著、科研项目、科技成果、学术地位、人才结构比例、市场占有率等指标来衡量。

（三）实现全体员工的理念转变和提升

在医院导入平衡计分卡这个战略性绩效管理工具的时候，需要高层管理团队的推进和积极参与，需要大力提升医院管理人员、科室主任等人员的管理意识和管理水平，增加责任心和执行力，按照平衡计分卡的四个维度对考核细则进行归类后，召开全院动员宣传大会，详细宣传引入平衡计分卡的意义和对医院未来战略实现的作用，将各项指标分解到科室，并由相关科室责任人主动认领指标，在经过一段时间运行后，再不断对指标进行修正和调整。通过导入平衡计分卡实现全体员工尤其是管理人员理念的转变和提升，只有管理人员理念转变和提升，平衡计分卡战略性绩效管理系统才能真正发挥作用。

平衡计分卡作为一种比较成熟和先进的绩效管理系统，对它的学习、借鉴和使用，将有助于医院战略的实施和落实，提高医院绩效管理系统的科学性、全面性和前瞻性，促进医院管理水平的不断提升。在具体将平衡计分卡引入医院实践时，还需要广泛征求意见确定平衡计分卡的考核指标，并详细测算每个维度下的具体指标及权重。

总之，在医院绩效管理中引入平衡计分卡，可以提高医院生产力，强化内部人员之间的协作，有利于医院在市场竞争中稳定、可持续地发展进步。但也要清醒地认识到平衡计分卡不是万能的，它只是有限的功能与作用，应结合医院自身实际，决定是否或何时采用平衡计分卡作为医院绩效评价工具与战略管理工具。

参考文献：

[1] 张超武．平衡计分卡在绩效管理中的应用[J]．中小企业管理与科技，2008.

[2] 肖万超．平衡计分卡在医院绩效管理中的应用[J]．中国医院，2010（9）.

[3] 马艳霞．浅谈我国运用平衡计分卡应注意的几个问题[J]．商场现代化，2011（13）.

[4] 孟悦．平衡计分卡在A酒店的应用分析[J]．财会通讯，2011（20）.

浅议依托国库统计数据分析财政政策的导向变化与效果

褚秀娟

中国人民银行枣庄市中心支行

〔**摘要**〕：本文通过分析国库分析的质量和现状，研究国库统计分析对财政政策的导向变化与效果，探索依据国库会计现代化服务手段和核算数据，完善国库统计分析体系和框架。

〔**关键词**〕：统计数据　国库信息化　导向变化　统计分析体系

财政政策作为国家宏观调控的重要手段，对国家的经济运行起着重要的作用。在市场经济条件下，财政政策的制定、实施，必须随着经济、市场的发展变化以及国内国际经济金融环境的变化适时进行调整，作为各级预算收支总账簿的国库收支数据则起着至关重要的作用，能在一定程度上体现财政政策的导向与实施效果。一方面，国库统计分析的信息是制定货币政策和信贷政策和加强国库现金管理的重要依据；另一方面，通过国库统计分析预测国库资金的流动变化趋势和国库资金存量状况，可以为政府和财政部门制定与完善财政政策、税收政策以及国债发行政策提供参考依据。国库统计分析本身这种二元性，使其成为政策执行过程中的“晴雨表”，发挥着促进政策间协调的桥梁作用。因此，依据国库会计现代化服务手段和核算数据，积极构建科学的统计分析框架，分析财政政策的变化和效果，成为人民银行国库部门面临的一个重要课题。

一、当前国库统计数据分析的质量与现状

国库统计分析作为货币政策与财政政策的结合点，成为中央银行、财政等政府部门制定完善政策、促进政策之间相互协调的桥梁。近年来，各级国库部门不断推进技术创新，规范业务流程，提高核算质量，改善统计手段，基本实现了国库数据统计当日报送，实现了统计数据资源共享。

（一）国库组织机构不断健全完善

各级国库组织机构建设得到进一步加强，国库人员数量得到了进一步充实，形成了与国库事业发展相协调的组织机构和人才队伍。特别是基层国库的稳定与发展得到了进一步重视，部分地区适应形势发展需要，逐步收回代理国库由人民银行自己经理，人民银行经理国库的职能得到了比较充分的发挥。

（二）国库信息化建设快速发展

运用现代化的科技和手段，国库信息化建设不断推进。近年来，以国库会计核算数据集中系统（TCBS）、财税库银横向联网系统（TIPS）和国库管理信息系统（TMIS）为技术支撑的现代国库管理体系初步形成，实现了国库业务的电子化、网络化、统一化、规范化、科学化。TIPS 极大地简化了纳税缴库程序，使纳税人“足不出户”即可完成税款的申报、缴纳，为纳税人提供了更加便捷、更加优质的服务；同时实现了税收申报缴库无纸化、业务处理一体化和部门间信息共享，有效降低了税收征缴成本。TCBS 系统作为全国国库集中的业务处理系统，目前已在全国 20 个省市正式上线运行，支持纳税人多点报税、多点缴纳，支持使用支票、汇票等多种结算工具办理预算外、社保基金和非税收支业务，实现了异地缴税本地化处理，极大地提高了预算资金的入库实效，提高了国库核算质量。

（三）国库服务预算执行的能力不断提升

目前，人民银行已经建立了相对独立的国库资金清算体系和完整的国库会计核算体系。新系统的运行实现了各级税款直达入库，资金划拨实时到账，收支报表自动汇总等功能。国库资金汇划结算渠道四通八达，收支运转速度更加快捷、高效，国库收支款项汇划报解至最终收款国库的速度从过去的 4 至 7 天缩短至当天，实现了“税收直达入库、支出即时到账、资金‘零在途’、风险多环节控制”的目的，国库服务预算执行的能力不断提升。

（四）国库统计分析有效性得到了进一步加强

近年来，国库统计报表体系不断完善，报表内容和品种不断增加，逐步形成了常规报表与专项统计报表相结合的国库统计报表体系。特别是“3T”系统上线运行后，报表服务范围逐步扩大，国库统计数据的针对性不断提高，国库统计分析的时效性不断增强，参考利用价值不断提升，国库统计分析的有效性得到了进一步加强。

二、国库统计有效反映了财政政策的变化和实施效果

各级国库部门结合财政政策变化、国库业务开展、现代统计分析理论等，认真研究，积极探索，不断创新统计方式，及时、有效地反映了财政政策的变化和实施效果。

（一）加强国库统计分析，有效防范了财政国库资金风险

人民银行作为政府的银行，代表政府担负着公共管理职责。经理国库、发挥好国库职能，是央行实现公共管理职责的重要体现。国库除了管理好各级政府财政存款账户、办理国家预算资金收入、支出和退库业务并做好相关账务记录以外，还要对预算收支信息进行收集、加工、整理，即开展统计分析。随着我国经济的快速发展，国家财政实力不断增强，国库资金规模日益扩大。科学、合理地管理国库资金，确保国库资金安全性、流动性和收益性的统一，对财政资金的正常使用和高效运作意义重大。国库统计分析是实现和加强国库资金管理的有效途径和重要手段。通过对国库资金运行情况的分析，能够发现国库资金管理中存在的问题和薄弱环节，以便尽早采取措施，防范国库资金风险。做好国库统计分析，对于加强国库资金管理、促进财政政策与货币政策协调、改善政府宏观调控，促进经济社会健康发展，有着积极的作用。

（二）通过国库统计分析，透视财政政策的实施效果

无论是国家还是地方财政政策的实施，一般都要通过税收征收政策、财政支出来具体实现。如通过调整税收征收范围、税率、税收返还等，体现国家或地方政府对产业结构的调整，通过财政拨款体现国家或地方政府对公益事业、阳光产业的支持等，而这些政策的实施及实施的效果均可以通过国库数据得以体现。国库部门及时对国库核算数据进行详细的分析、预测，并与国家或地方政府实施的财政政策结合，通过国库数据对政策实施效果的分析、预测，将分析结果向政府反馈，使国家或地方政府对政策实施的效果及时掌握，促进政策的落实或调整，促使国家、地方政府的财政政策发挥最大效益，收到最佳效果。比如，面对 2011 年全球经济下滑和物价高企影响，国家实施“稳物价、调结构、保增长”的积极财政政策，减税就是其中一项财政政策的导向变化。从 2011 年 9 月 1 日起，提高个人所得税征收基数提高到 3500 元，工资薪金所得的九级税率减少到七级，将第一级税率由 5%下调到 3%。这一政策，使中低收入人群应纳税额明显减少，以 5000 元工资收入为例，每月减少纳税额 153 元，使广大工薪阶层受益。以枣庄市某县为例，2010 年个人所得税征收总额为 8288.64 万元，新个税改革方案实施后，个人所得税入库额大大减少。但是，由于个人所得税在各级预算收入中占比较小，约在 1.4%，因此，个人所得税的减少不会对预算收入产生明显的影响。又如，从 2011 年，国家对房地产行业实施了比较严格的限制措施，各地也相继跟进，纷纷出台相应的限制措施，商品房价格由迅速上涨到止涨回落，一些大城市的商品房价格回落的幅度还比较大，房地产市场也由热转冷，国库部门也应通过对国库数据中相关预算收支科目的变化情况进行深入的分析，及时预测房地产限制政策对房地产市场的现实及潜在的影响，评估国家及地方政府限制房地产政策的效果，促进政策的调整。

（三）通过国库统计分析，促进货币政策与财政政策的统一协调

作为国家两大宏观调控政策，货币政策与财政政策应相互协调、相互配合、相互补充，而国库核算数据就恰恰处于货币政策与财政政策的交集中，能够同时反映货币政策与财政政策的实施效果。国库资金从人民银行流出（流入）意味着向市场投放（回收）流动性，这体现出宏观经济政策的相互联系。中央银行是货币政策职能部门，货币政策决策也要考虑财政政策及其他政策的情况，特别是随着国库收支规模的扩大，国库资金的波动已经成为影响市场流动性的重要因素之一，对货币政策的影响日益显著。一方面，国库统计分析通过总结国库资金运行的规律和特点，能加强对国库资金变动的预测精度，有助于公开市场操作方案的决策，从而有助于增强货币政策调控的针对性和有效性。另一方面，国库可以充分利用与财政、税务等部门的密切联系，收集分析国家预算及财政政策执行信息，有助于中央银行及时、准确、全面地把握经济发展动态。

三、逐步探索制定适应财政政策的统计分析体系

近年来，人民银行各级国库部门积极探索，在加强经理国库职能，促进财政政策和货币政策有机结合、相互促进方面发挥了应有的作用。为提高国库统计数据的科学分析、高效反映、共享促进的功能，有必要继续研究摸索比较科学的国库统计分析方法，建立完善国库统计分析体系，进一步增强国库统计分析对财政政策的信息反映，促进财政政策的有效落实。

（一）应逐步丰富统计分析的方法

在国库统计分析的方法上，国库统计分析应更多地使用同比、环比、年均增长等动态指标，对预算级次、结构类型、地区差别等多层面进行剖析，并使用各类图表对数据进行形象化分析，尽量避免了就数据论数据、就问题说问题的呆板现象，还应使用图表、数学模型、动态模型等多种手段对国库数据进行分析，提高国库统计分析的科学性、实用性，使国库统计分析的方式方法逐步丰富，运用国库统计数据更透彻。

（二）运用统计数据的涵盖面应更广泛

国库统计分析不仅充分利用国库部门掌握的会计核算数据，还逐步利用相关部门的数据、社会公共数据等，促进了国库数据与其他相关数据的结合，如一些国库统计分析比较多地使用国民生产总值、社会消费品零售总额、居民消费价格指数、固定资产投资、房地产投资等公共数据以及统计局、民经局、金融机构等一些专业机构的统计数据等，增强了国库统计分析说服力，对财政政策效果反映得更全面。

（三）逐步完善国库统计分析指标体系

各级国库应根据经济发展形势并结合地区经济特点，不断优化完善统计分析指

标体系，使国库统计信息既全面又实用，能够满足分析和决策需要。逐步健全国库统计分析数据库，积极和有关部门协调，建立信息交换机制，并充分利用现代科技手段，及时、准确、全面地收集、整理、存储相关信息，充分利用统计指标体系反映财政政策的导向和变化。

参考文献：

[1] 刘贵生. 关于国库统计分析的几个问题[N]. 金融时报，2012-02-23.

[2] 王浩平. 基层国库收支统计分析中的问题及对策[J]. 中国水运（下半月），2009（6）.

[3] 崔幸之，鄢剑晖，徐明慧. 国库收支统计分析存在的问题及对策[J]. 金融与经济，2005（1）.

[4] 马艺文. 稳增长调结构控通胀成主线[OL]. 凤凰网财经，2011-12-12.

[5] 贾康，韩晓明，常丽. 怎么看国库资金结余与财政收支赤字[N]. 上海证券报，2009-04-15.

国库精细化管理探索

邵茜
中国人民银行济南分行营业管理部
褚秀娟
中国人民银行枣庄市中心支行

〔**摘要**〕精细化管理理论作为一种通用的管理思想，已经延伸到社会管理的层层面面。随着财政国库体制改革的日益深入，国库正由会计核算型向综合管理型过渡，精细化管理思想为新时期国库管理工作提供了全新的理论视角。本文在对精细化管理内涵进行深入解读的基础上，将精细化管理思想引入国库管理领域，并对国库精细化管理的内容进行了探讨。

〔**关键词**〕国库管理　精细化管理　管理模式

精细化管理理论作为一种先进的管理文化和科学的管理方式已经被越来越多的企业管理者所接受，并已延伸到社会管理的层层面面，成为一种通用的管理思想。随着财政国库体制改革的日益深入，国库正由会计核算型向综合管理型过渡，精细化管理思想为新时期国库管理工作提供了全新的理论视角。

一、精细化管理理论的演变及发展

（一）泰勒的科学管理

国外的精细化管理，可追溯到19世纪末泰勒的科学管理。1881年，泰勒开始在钢铁厂做时间—动作研究。他通过对工人的操作动作进行细致的观察和分析，消除不必要的动作，改正错误的动作，总结出来一套合理的操作方法，使绝大多数人都能够达到或超过定额，使劳动生产率大大提高，人工成本大大降低，工人的工资也得到大幅提升。1911年，泰勒完成了《科学管理原理》一书，这是世界上第一部精细化管理的著作。

（二）丰田的精益生产理论

作为现代工业化的一个管理概念，“精益生产理论”由丰田企业在20世纪50

年代提出，丰田公司认为，生产过量的浪费、等待时间造成的浪费、搬运上的浪费、工艺流程造成的浪费、库存的浪费、寻找造成的浪费、产品缺陷造成的浪费这七种浪费，足以使公司内许多制造业工厂中任何时刻都可能有 85%的工人没有在做工作。为此，丰田公司在生产、库存、作业再分配等各环节精益求精，进行准时化生产。在需要的时候按需要的量生产所需的产品，弹性配置作业人数，寻找和消除生产过程中不产生产品增值的无用功，提升竞争力。丰田首创的精细化管理把丰田推向了世界。1992 年，丹尼尔·T·琼斯等 50 多位专家在《改变世界的机器》（DanielT.Jones，*The Machine that Changed the World*）中对 17 个国家 90 家汽车制造企业进行分析比较后，认为精细化生产方式是制造工业的又一次革命。

（三）我国的精细化管理理论

精益生产理论是随着环境的变化而不断发展的，随着研究的深入和理论的广泛传播，出现了百家争鸣的现象，并作为一种普遍的管理思想在各个行业广泛传播应用。我国的学者（以汪中求为代表）立足规则的建立和贯彻，将精益思想扩大到组织管理的每一个层面和环节，认为精细化管理是抓住运营管理中的关键环节，通过规则的系统化和细化，使组织各单元持续、协同和高效运行。

二、精细化管理的内涵

（一）精细化管理的含义及特点

所谓精细化管理，就是以精细操作和管理为基本特征，通过提高员工的素质，控制企业滴漏，强化链接协作管理，从而提高企业整体效益的管理方法；其本质意义就在于它是一种对战略和目标分解细化和落实的过程，是让组织的战略规划能有效贯彻到每个环节并发挥作用的过程，同时也是提升组织整体执行能力的一个重要途径。精细化管理是由过去的粗放型管理向集约型管理的转变，由传统经验管理向科学化管理的转变，是企业管理理念上的转变，具有以下特点：

1．精细化管理是一种精益求精的管理理念和方法。体现的是一种不断追求最好的管理理念，要求工作由粗到细，由细到精，由精到优，由优到领先，坚持不懈地追求精益求精，持续不断地寻求优化的方法。

2．精细化管理是一种全面系统的管理模式。体现的是各个组成部分自身精细化扩展到系统精细化的过程，关注的是综合作用及效能，认为部门之间、环节之间和人员之间是一个相互依存、互相制约的状态，只有通过最合理的链接协作管理，才能取得整体效能优势，实现系统整体精细化。

3．精细化管理是一个持续改进的过程。包括两方面含义，一是由粗放到精细是一个永无止境的持续改进过程，这个管理过程永无止境和目标“最好”只是相对的概念。二是精细化管理本身是一个过程管理，在这个过程管理中，要将精细化的要求逐渐贯彻在管理的各个环节和各个细节之中，并不断改进和提高贯彻能力。

4．精细化管理是一个具体和量化的标准。精细化管理的思路是用具体、明确的量化标准取代笼统、模糊的管理要求，并将量化标准渗透到管理的各个环节，以量化的数据作为提出问题的依据、分析判断的基础和考核评估的尺度，使无形的管理变成有形的管理，使管理过程可控、在控。

（二）精细化管理的再解读

如上所述，精细化管理是一种精益求精的管理理念和系统全面的科学管理方法，而非简单的流程细化、责任分解和权利均摊。在制造业高度发达的今天，出于资本逐利和成本缩减的需要，很多企业将精细化管理片面误读为机械化生成和流水线操作，使得精细化管理丧失了其人文关怀的文化内涵，2010 年深圳“富士康事件”或许可以带给我们一些反思，走出精细化管理的误区。

1．将精细化管理狭隘的解读为精细作业，将人视为“机器人”和“经济人”。富士康这种细分生产环节、分解作业、标准化管理和计件报酬等措施，综合起来就是传统的“流水线作业”，这是机械化生产的典型标志，其精髓就是把一线员工当成其现代化流水线作业中的一个环节，这种方式片面强调流程精细化管理，而忽略了对劳动人格的尊重，扼杀了人的创造性，缺少可持续发展的动力。

2．将精细化管理片面的局限于制度的刚性约束，缺乏柔性的梳理引导。富士康作为一个成功进入世界五百强的代工厂，它有着标准严格的业务标准和高效流程，从效益的角度看，它的管理经验是有效的，但从劳动关系角度来看，无论它以签订个别约定方式，超过国家法定劳动时间来看，还是从具体劳动过程中基层管理者对劳动者的粗暴约束来看，它都采取的是一种集权管理模式，强调的是约束和限制。

从上面的事件中，我们可以更深层次地思考精细化管理的精髓。

1．精细化管理体现的是以人为本的全面系统的战略管理理念。精细化管理并非传统意义上的作业流程精细化，而是通过细化企业管理单元、明确管理目标、改进管理方式、确保企业战略能够在各个环节有效贯彻并发挥作用的管理理念。精细化体现的是一种规则意识和精益求精的组织文化，是员工经过长期的环境熏陶和行为训练凝聚而成的职业素养，使得员工能够充分释放主观能动性，自主地去工作，自主地去完善工作的每一个环节，以实现组织目标最大化。

2．精细化管理承认“管”，但更注重“理”。 精细化管理不是简单细化各种规章制度，它是一种极富文化特色的管理理念，既体现管理制度细致落实的“刚性”约束思想，又体现以优秀组织文化为背景的文化“柔性”浸染需求。管是指控制和监督，强调的是规则的制定，包括制度规范、工作流程、岗位职责等内控规定；理是指指导和服务，强调的是规则的运用，在精细化管理过程中，企业的每个业务流程形成一个个紧密相连的管理闭环，这些闭环之间环环相扣，梳理与疏导闭环中的节点是精细化管理的重点。

三、国库精细化管理的探索

（一）国库引入精细化管理的必要性

1．国库精细化管理是当前管理模式变革的必然趋势。20 世纪 80 年代初，西方国家掀起了新公共管理运动，主张采用工商管理的理论、方法来提高公共管理部门的管理质量和效率。精细化管理思想和方法被广泛应用于世界各国政府部门和公共管理领域，并取得显著成效。目前，我国各行各业也积极引入精细化管理思想，并在各级政府和公共管理领域得到积极应用。国库部门作为公共管理的重要职能部门，无法脱离公共管理的一般性特征，精细化管理理念被引入国库管理领域，是管理模式变革背景下的大势所趋。

2．国库精细化管理是建设“服务型国库”的必然要求。国库服务不但要保证财政、税务、海关等部门征缴的预算收入及时足额缴入国库，还要保证各级政府预算单位的正常经费支出；不但要保证各企事业单位和广大人民群众方便缴纳税收、行政性收费、罚没收入和其他纳入预算管理的资金，还要保证国家预算资金安全、及时的拨付至社会大众和各行各业，以满足国家管理社会公共事务、发展社会经济、提高人民生活水平的资金需要。如何创新服务内容和方式，形成全新的国库业务发展格局，对国库管理模式带来了新的挑战。

3．国库精细化管理是推动国库工作科学发展的迫切要求。今后一个时期，我国财税体制改革力度将逐步加大，不仅要进一步完善已经实施的国库集中收付、省直管县、政府收支分类等一系列改革，继续调整资源、环保、土地、进出口等方面的税收政策，还要推进非税收入管理体制改革，社会保障和农民工补贴等社会公共资金的收入收缴和支出方式改革，国库所要承受的业务量将呈几何式跳跃性增长；同时，按照公共财政的本质要求，预算管理制度改革将不断深化和完善，提高预算编制的科学性，强化预算约束的严肃性和刚性，加强预算执行监督对国库部门发挥业务管理优势，发挥事中监督作用提出了更高的要求。

（二）国库精细化管理的内容

国库精细化管理，就是把精细化管理理念引入国库管理领域，树立精益思想和系统观念，运用信息化、专业化和系统化管理手段，建立健全工作规范，明确职责分工，优化业务流程，加强协调配合，有针对性的实施管理，不断提高国库服务水平和管理实效。国库精细化管理是一个系统化的管理模式，指国库精细化管理的思想和作风要贯彻到所有的国库管理活动中去，主要包括以下内容：

1．目标规划精细化。目标和规划是推动组织发展的一个至关重要的关键点。所谓目标规划精细化，是指组织制定的目标和计划都是有依据的、可操作的、合理的和可检查的。国库的规划包含三个方面：一是国家层面根据宏观经济金融形势和财政国库管理制度改革趋势，充分结合国库部门的职能、现状等制定的中远期总体规划；二是基层国库部门根据国库业务总体发展规划，结合自身实际制定的具体目标；三是基层国库部门在具体目标的指引下制订的实现计划和步骤。

2．内控管理精细化。包括制度建设和业务管理两方面内容：一是制度体系建设系统完善，其核心在于精抓细管上，这就要求不仅要有健全完善的管理制度，而且这些制度要全方位地覆盖管理范围，真正做到纵向到底、横向到边；二是业务操作标准规范，加强业务控制管理，明确操作标准和步骤，强化业务办理流程的监控，做到每一项业务的完成都能按照规定的程序和步骤运作。

3．协同管理精细化。这是国库精细化管理的重要内容，它强调国库业务的顺利运转既是内部计划、执行、审核和监督的过程，又是外部部门联动、合作共赢的过程，关注国库和事后监督部门、国库和财政、税务、海关等部门协同效应，通过对部门间各协同环节工作的综合管理带动，实现国库精细化管理的整体效能优势。

4．风险管理精细化。国库管理要想达到良好的精细化管理效果，必须进行重点管理、集中突破，防范国库资金风险作为国库工作的重中之重势必成为国库精细化管理的关键环节。风险管理精细化是通过制定一系列制度、程序和方法，对国库风险进行事前防范、事中控制、事后监督和纠正的动态过程和机制。

5．人文关怀精细化。管理工作的主体是人，国库部门从常规管理向精细化管理转变的过程是观念、行为、习惯、方法的变革、调整的过程，需要追求学习进步、坚持与时俱进、勇于开拓创新的管理者来引领；管理工作的客体也是人，国库在向精细化管理转变的过程中，需要全体员工真正转变观念，积极参与调整，特别是主动的学习、理解、掌握新的管理理念，自觉规范工作行为和操作方法，并且在实践中不断积累、总结，提出进一步改进、完善的建议。国库精细化管理就要充分调动人的积极性和创造性，只有这样精细化管理才能取得实实在在的效果，否则就有可能停留在纸上，成为“镜中花、水中月”。

（三）国库精细化管理实践要点

精细化管理将国库管理工作由常规管理引向了深入，提升了国库管理的科学性和艺术性，取得了良好的效果。但是管理的难处在于“度”的准确把握和拿捏，实践中，国库精细化管理还需突破一些观念上的瓶颈：

瓶颈之一：在推行精细化管理过程中盲目追求“巨细无遗”。精细化管理要求“精细”，强调的不是某一个要素的精细化，而是所有环节共同作用的结果，只有各个环节的精细化水平达到一种均衡，精细化才能发挥最佳效应。盲目追求“细致入微”和“巨细无遗”，以期用不断细化的规章制度卡住员工工作的每一个环节，钳制了员工创造性思维的培养，容易使员工产生对精细化管理的厌恶和抵触心理，这与以“以人为本”为前提的精细化管理的初衷是背道而驰的。

瓶颈之二：在推行精细化管理过程中过分注重“细节管理”而忽视“战略管理”。精细化管理虽说是一种战术原则，但它是目标的细化、分解和落实的过程，其各个侧面依然渗透着战略思想。现今时代，国库员工素质不断得到提升，视野空前开阔，思想日益活跃，在实施精细化管理的过程中应当用战略眼光教育引导员工把个人价值的实现融入国库事业的长远发展之中，有步骤、有计划地将细节工作做实。

总而言之，国库精细化管理是一种管理艺术和境界，它既不能一蹴而就，也不是高不可攀，只要我们科学、人文的“精细”，尽量避免走入误区，持之以恒地做下去，那么今天工作态度的“精心”，工作过程的“精细”，必然取得明天国库事业的“精品”。

参考文献：

[1] 姬定成，王晓红，张小磊，李国强，梁军. 实施精细化管理的文化内涵与效能[J]. 化工管理，2010（02）.

[2] 林冬梅. 试论国库精细化管理的路径选择[J]. 理论导报，2007（5）.

[3] 李军. 精细化管理的价值观[J]. 金融家论坛，2007（10）.

从“交易”管理角度看待企业会计基础工作

——兼议《会计基础工作规范》之修订

张育强

中国电信股份有限公司广东分公司

王　鹏

中国通信服务股份有限公司

一、现状与构成:《会计基础工作规范》简述

《会计基础工作规范》(以下简称《规范》)发布已逾十年，其主要内容包括会计机构和会计人员要求、会计核算一般要求、会计监督一般要求和内部会计管理制度等。从逻辑上分析，《规范》对会计基础工作的要求可以归结为人员和组织、会计核算的手段与形式、会计监督和制度管理四个方面。

人员与组织方面，《规范》强调会计机构设置和人员要求、任免条件和替换(代理记账)，岗位设置和管理，人员职业道德以及工作交接等，从机构、人员、岗位三个角度提出会计基础工作的组织保障问题。

会计核算手段与形式方面，《规范》从核算方法、范围、要求角度入手，提出可比性和一致性、会计年度、记账本位币、科目设置、会计资料和会计报表、电算化和会计档案等要求，并特别着墨于填制会计凭证、登记会计账簿、编制财务报告的具体要求。

会计监督方面，《规范》强调的是会计监督的依据、责任主体、内容和范围、处理方式、外部监督等。

制度管理方面，《规范》在《会计法》和国家统一会计制度基础上提出制度依据、设立要求和设立内容，内容范围涵盖会计核算基础、内部控制和财务管理、财务分析等方面。

应该说，《规范》体系较为完整，反映着20世纪末国内企业财务整体管理水平混乱与薄弱下的最基本需求，也为当时国内企业会计核算工作水平标准化打下坚实

基础。国内会计基础工作近十几年来全面提升，《规范》功不可没。

二、内容与不足:《规范》所处环境及应重点考虑修改的内容

从篇幅上看，会计机构和会计人员方面基本属于《会计法》第五章内容的细化，并提出了总会计师根据《总会计师条例》行使职权问题；会计监督和内部会计管理制度属会计基础工作应有的要求，但与《规范》的主体部分是第三章“会计核算”，包括会计核算一般要求和凭证、账簿、报表具体要求，整个结构安排折射出那个时代会计基础工作的主要方面——“记”账。

从会计核算一般要求上看，其内容与目前的《企业会计准则——基本准则》的基本内容有较大重叠；而凭证、账簿、报表的具体要求主要基于人工进行账务处理环境下的标准问题，在国内会计核算水平、特别是会计核算软件开发水平整体提升、国内大小企业基本都普及会计核算软件情况下，账务处理工作无论从时间、劳动量上看都已退居次位。但会计核算具体要求仍有存在必要，具体包括两个方面：

其一，账务处理过程中的一般标准。

尽管国内会计核算软件开发和竞争使会计人员在账务处理过程中的操作标准走向一致，但账务处理过程标准仍然需要，比如记账凭证的使用、要素、编号、更正，账簿的类别及生成方式、要素、编号、形成与审核要求等，以及凭证、账簿、报表之间的勾稽保证关系。标准应该适用于手工和电子处理两种模式，并可作为统一国内外琳琅满目的会计核算软件账务处理标准。

其二，原始凭证标准。

规范第 47～49 条有对原始凭证的基本要求，有原始凭证分割单要求，并规定记账凭证制作必须以原始凭证为依据。但对需要多少数量、程度的原始凭证才足以支撑记账凭证、原始凭证的取证范围需要覆盖多大等问题没有具体要求或标准。

实践上，一方面，企业财会职能化环境下的原始凭证收集工作有“愈演愈烈”之势，部分记账凭证所附原始凭证动辄数百上千页；另一方面，内外部审计检查或一般管理调阅仍对此不满，认为无关凭证多于实质所需原始凭证。笔者认为，原始凭证标准问题是规范修订应该着眼的重大问题。

综合来看，规范的实质就是一个“记” 账规范，解决记账所需的机构、岗位与人员，记账的程序与要求，记账的监督管理要求，记账的制度管理等问题，仍有较大合理处，但其颗粒度和落脚点基本落在凭证、账簿、报表制作及其之间的逻辑衔接上，在下列问题影响下日益体现出不足。

1. 现代企业的信息化趋势

20 世纪末开始的全球信息革命发展到 21 世纪，不仅使会计核算软件迅猛发展，

也使基于网络管理的集成财务管理软件、ERP 系统、大型数据库应用越发普及并支撑大型企业集团会计信息化。这一驱动下的会计工作自动化程度越来越高、“记”账工作越来越少（几乎可以说，“记”账工作快要消亡了），对会计基础工作规范的立论基础造成一定程度冲击。

2．现代企业的“大型化”和“去职能化”趋势

得益于改革开放和国家经济迅速发展，得益于国内企业经过近 20 年的改革和发展，国内企业发展规模越来越大，呈现出大型化和集团化发展趋势，使企业组织结构从一般的职能、层级化结构转向其他精巧、复杂企业组织结构。

财会职能在企业内部流程重组压力下也出现“去职能化”趋势①，开始走向类似于企业内部“交易管理”的模式，即以企业内外部发生的各种“交易”为主要管理对象，会计核算越来越走向精细化、流程化、与其他部门协作化。

三、“交易” 管理：企业会计基础工作对象的本质

现代企业环境变迁下的规范如果继续围绕凭证、账簿、报表构筑，最终只能成为某种“标准”而非“基础规范”，也无法走出“会计核算”的一隅之地全面介入企业价值管理。围绕企业会计基础工作对象管理构筑新的体系已十分迫切，这个对象就是企业内外部发生的“交易”。

事实上，经济学家早已将企业内外部活动视为“交易”了。康芒斯将企业内外部交易分为“管理的交易”和“买卖的交易”②，科斯更声称企业使“契约……大大减少”③，企业之外是“通过一系列市场交易来协调的。在企业内部，市场交易……被企业家所替代”④。简言之，企业是其内外部不同性质的“交易”链条的汇集点。

企业内外部“交易”（暂定名，也可理解为“业务”或“经济事项”，下同）作为规范修改后管理的最小“颗粒”可以包括以下内容：

（1）“交易”定义、分类和标准。

（2）“交易”流程、流程要求、制度管理、过程内控等。

（3）“交易”所需要的企业内部组织结构（及治理或内控）、人员资格。

（4）“交易”核算标准和要求（会计准则）。

（5）“交易”所需要的内部 IT 系统支持。

---

① 其表现形式之一就是大型企业内部的流程化改造。

② 康芒斯．制度经济学[M]．上册．于树生，译．北京：商务印书馆，1981：74～86．

③ 罗纳德·哈里·科斯．企业的性质[A]．企业、市场与法律[M]．盛洪，陈郁，译校．上海：上海三联书店，，上海人民出版社，2010：39．

④ 罗纳德·哈里·科斯．企业、市场与法律[M]．盛洪，陈郁，译校．上海：上海三联书店，上海人民出版社，2010：36．

（6）“交易”记录的保留及其标准（档案管理）。

（7）“交易”或“交易”之间的流程重组或整合。

交易管理为基础的新规范可很方便地融入会计准则和内部控制要求[①]，也将会计基础工作从“凭证、账簿、报表”脱离出来，转而关注企业内部管理的实质对象和构成——企业内外部“交易”。企业会计基础工作范围越广、越全面，越融入企业价值管理的核心流程。

参考文献：

[1] 财政部. 会计基础工作规范. 1996.

[2] 财政部. 企业会计准则. 2006.

[3] 财政部等五部委. 企业内部控制规范. 2008.

[4] 罗纳德·哈里·科斯. 企业、市场与法律[M]. 上海：上海三联书店、上海人民出版社，2010.

[5] 康芒斯. 制度经济学[M]. 于树生，译. 北京：商务印书馆，1997.

① 实际上《企业会计准则—基本准则》第五条就规定“企业应当对其本身发生的交易或者事项进行会计确认、计量和报告”；《企业内部控制基本规范》第四条则强调企业建立与实施内部控制，应当遵循的全面性原则是指“内部控制应当贯穿决策、执行和监督全过程”的、覆盖企业及所属单位的“各种业务和事项”。

企业集团财务管理体系自我完善的途径

李建新

新汶矿业集团勘探公司

〔**摘要**〕企业要想实现长远的发展。获得持续性核心竞争力，就必须完善财务管理体系，强化会计管理职能，健全财务管理体制，建立合理的财务流程。文章系统地阐述了企业财务管理体系自我完善的途径。

〔**关键词**〕企业集团　财务管理体系　自我完善

伴随着我国经济的迅速发展，财务管理工作在企业集团发展中的地位和作用也越来越重要。财务管理工作只有摆脱传统模式，树立市场观念和效益观念，从事后算账向事前预测、事中控制、事后分析方向发展，充分发挥财务工作渗透力强的特点，积极参与到管理当中去。不断完善财务管理体系，力求通过财务管理的强化、优化，增强企业的综合素质，发挥企业生产要素潜能，才能为企业获得持续性核心竞争力，实现长远的发展保驾护航。

一、企业财务管理自我完善的必要性

1．完善财务核算体系是保障企业快速发展的需要。国家的社会经济政策和经济形势，构成企业重要的财务管理环境，一方面规范企业的成本控制和收益分配行为，促进企业自主创新。另一方面利用财务预算、财务预警等管理工具，检测企业经济运行，控制企业财务风险，确保企业财务活动符合国家有关社会发展政策，在实现自身目标的同时，促进经济社会的全面发展。

企业财务管理是一个必须与时俱进，并伴随着企业的发展不断完善、发展的动态概念。财务职能是利用价值形式来组织财务活动，协调财务关系，为实现企业的发展战略和财务目标服务。发挥企业的财务职能，就是要做好企业的财务预测、决策、预算、控制、分析、监督和考核等工作，充分发挥企业财务管理的组织、协调、配置和平衡的作用，促进企业顺利实现发展战略和财务目标。

企业面对的市场竞争格局，企业生产要素的配置整合，管理层对所处环境感受认知度的深化，都要求企业财务管理机制必须自觉地、不断地自我完善，以保持生机和活力。企业的财务管理职能单一，是不能适应当前经济的迅速发展的，因而，企业要想实现长远的发展，获得持续性核心竞争力，就必须完善财务管理，这既是适应客观形式发展的需要。也是财务管理本身发展的内在需要。

2．完善企业财务管理体系是充分发挥会计监管职能的需要。企业内部财务监督制度是企业内部控制制度的重要组成部分，他通过投资者、经营者及企业有关内设机构之间的相互制约，以及在财务活动各环节设置的复核、审计、检查等程序，确保企业财务行为符合法律法规和财务目标的要求。随着经济体制改革不断地向纵深发展，经济领域中不规范的经济行为与违法犯罪出现的频率也呈逐步上升趋势，强化企业财务管理从而维护经济秩序、防治腐败、在提高效益等方面的作用日益重要。企业财务管理中内部控制制度不健全，是导致会计监督职能弱化的内部原因。所以通过完善企业财务管理，建立和完善内部监控体系，能够真实、客观、全面、公正地反映企业的经营活动过程和经营活动结果，并把加强监管与企业完善管理紧密结合，寓服务于监督之中。

3．完善的财务管理体系为决策者正确决策提供了保证。财务决策制度是财务运行机制的核心组成部分，涉及合理的财务决策制度能够增加企业经营活动的预见性、计划性，减少盲目性，合理、优化配置企业的资源，均衡各方利益，避免摩擦和争执等，今年来暴露的一些公司高管经济犯罪大案，肇端便是企业在委托理财这类牵涉大额资金的重大财务事项上，授权随意性很大，财务决策制度形同虚设，公司的独立董事、执行董事和其他高管甚至对相关决策一无所知，更谈不上参与决策和监督了。

4．完善的公司治理目标，是保证公司股东利益最大化，为公司决策者的科学化提供保证。公司治理主要是通过股东大会、董事会、监事会及管理层所构成的公司治理机构的内部治理，防止经营者对所有者利益的背离。现在已有不少公司积极改善内部治理制度。大型上市公司更会动用庞大资源发展此制度及常规，成绩是有目共睹的。可是大型上市公司的滥权情况也较为明显，公司治理制度一旦崩溃，造成的影响也较为深远。有效的公司治理可以保证股东利益最大化的同时，制衡公司与所有利益相关者之间的利益关系，从而维护相关者之间的利益关系，从而维护公司各方面的利益。

二、企业财务管理体系完善的途径

企业财务管理体系的完善，应着重从加强企业财务信息化管理、财务内部监督管理、财务指标分析系统、绩效评估系统、财务风险预警系统方面进行。

1．建立财务管理的信息平台。新汶矿业集团有限责任公司充分发挥集团优势，利用浪潮软件，强化了财务管理，资金预算管理，增强了企业的内部控制，全集团借助于网络技术，实现实时信息传递，使用统一软件，对下属公司的资金、经营状况进行全面了解，提高了财务信息的适用性、时效性、准确性。从核算会计走向了管理会计，把财务人员从繁重的事后工作中解脱出来，加快了信息的传递，为投资者、决策者提供可靠的信息。该系统自 2005 年在新汶矿业集团有限责任公司运行，经过多年的运行，期间进行了系统升级，并且运行中总结了一些经验教训，现运行良好，做到业务流、信息流、控制流同步作业。可以进行总部及下属企业会计账务处理、报表生成及提供领导需要的各种数据，为财务的事中控制、资金的管理、辅助决策提供了准确的数据信息和控制手段，提高了集团的管理水平和经济效益。

2．建立健全企业内部监督管理：

① 建立健全企业法人治理结构。对公司制企业而言，完善的法人治理结构是构建内部监督约束机制的组织保证，通过明确划分股东大会、董事会、监事会各自的权力与责任，形成三者的制衡关系，实现投资者对经营者的监督。

② 制度监督。通过建立健全并有效执行企业的各项内部控制制度，实现对企业全体成员和全过程的财务监督，实现既定的管理方针，经营政策和财务目标。

③ 预算监督。企业的全部资源运用和业务开展都受预算的指导和控制，预算管理是现代企业权力监督和控制管理的有效形式。

④ 内部审计监督。内部审计是在核算监督的基础上，对财务活动实施再监督，促进企业健康发展。

构建内部财务监督制度，能够促成企业“自我约束”机制的形成，从而有利于实现投资者的财务目标。

3．建科学有效的绩效评估系统。根据项目的生命周期（引入期，成长期，成熟期，衰退期）设立可行的绩效评价指标，用客观的数字信息和可计量指标，对工作进展情况进行评估工作，将各项投入与绩效结合起来进行考评，反映投入产出效率，反映经营单位发展潜力。把外部机会与挑战及内部优势和劣势综合起来，进行分析，作出环境因素的综合数量化评价。使绩效评价指标成为考核的重要指标，使目标责任体系得以落实和完善。同时通过效绩评估，还可以对加强财务监督产生积极作用。

4．完善财务分析指标体系。建立完善的财务分析体系，可以确定企业的资信状况、财务风险的大小，衡量企业经营是否稳健，从而促进企业提高经济效益。建立完善的财务分析体系应从以下四方面进行。第一，是盈利能力指标即企业投入一定的资源赚取利润的能力，主要指标包括：净资产报酬率、总资产报酬率、主营业务利润率、资本保值增值率、盈余现金保障倍数、成本费用利润率。第二，偿债能力指标即资产负债率、已获利息倍数、现金流动负债比率、速动比率、不良资产比率。第三，资产营运能力即总资产周转率、流动资产周转率、存货周转率、应收账款周转率。第四，发展能力即企业未来生产经营的增长趋势和增长水平，包括销售增长率、净利润增长率等。通过指标分析为决策者优化经营状况提供思路。

在完善财务分析体系基础上，强化财务信息报告制度，制定定期和不定期的财务报告制度和重大财务决策事前和事后报告制度，为领导者经营决策提供可靠信息。

5. 搭建有效的财务风险预警系统，防范财务风险。财务风险是指在企业的各项财务活动中，因各种不确定性影响，在一定时期内企业财务状况偏离正常范围及造成财务损失的可能性，主要包括：筹资风险、投资风险、运营风险、分配收益风险等方面。企业的经营运作，其最终成果体现在公司财务上，因此企业的经营风险最终也体现和归结于企业的财务风险。

① 建立财务风险预警指标体系。

财务风险预警系统是指在企业财务危机的控制中，设立一些科学化的敏感性财务指标，通过观察这些指标的变化，对可能或将要面临的财务危机进行预防的一种财务分析系统。企业应把财务风险的预警列入企业的日常生产经营管理活动中去，并建立关于财务风险的预警分析与报告制度。一旦发现异常情况，及时采取应对措施，避免或减少企业的风险损失。其系统设置主要是确定财务预警指标和设立财务预警标准。

建立财务预警系统，分别对集团财务指标和集团下属企业按差异性制定风险考评指标。从综合评价企业的经济效益即偿债能力、营运能力、盈利能力、发展潜力等方面计算，在此基础上构建财务风险预警模型，以防范和控制财务风险。财务预警采用单变量分析或多变量分析模型，对财务经营过程进行跟踪、监控、及早发现企业财务危机的外部征兆和财务征兆。外部征兆如企业的交易记录恶化，过度依赖借款和关联交易、过度财务扩张，财务报表及相关信息迟缓等。财务征兆在财务指标及报表方面的表现主要有，现金流量不足，拖欠利息，销售额非正常下降，应收账款大幅度上升，总资产周转率、营业利润率、流动比率大幅度下降等。总之，企业应当居安思危、未雨绸缪，要有一定的风险意识和超前意识，建立健全财务预警机制，以便避免财务危机的发生、恶化。

② 建立财务预警责任机制。

责任机制是财务预警机制能否正常连续运转的重要条件。财务预警的实施要使预警分析工作经常化、持续化，并且具体到责任人，必须要明确企业的经营者全盘负责本单位的风险管理，将风险的责任落实到具体部门或人员，一旦发生问题，能够及时寻找负责对象，促使负责人提高警惕。

③ 建立预警机制考核制度。

为了更好地防范风险，进一步落实责任，以便出现预警及时采取应对措施，避免或减少企业的风险损失。为了及时解除财务风险预警，落实责任，建立以下考核制度。

建立定期通报制度。每季度对各单位预警指标的完成情况，进行收集整理并向领导及时反馈；及时向各单位通报预警指标完成情况，便于各单位采取措施，增强抓工作落实的责任感和紧迫感。

建立警示提醒制度。集团公司对财务风险预警体系测评得分连续两次名次靠后及同一指标连续出现预警的单位进行警示提醒，必要时组织有关人员去单位调研，与单位一起查找存在问题，剖析原因，拟定措施解除预警。对列入警示提醒的对象，随时跟踪督办，促其限期整改。

只有完善了多层次的企业财务管理体系，才能使各项控制措施有制度上、程序上的保证，使企业在激烈的市场竞争中取得主动权。对于提升竞争力和加快企业进一步发展，有着深远的意义。

参考文献：

[1] 财政部企业司编《企业财务通则》。

[2] 翟以晨. 企业财务管理自我完善的途径. [N]. 财会信息报，2011-07-04.

新型农村合作医疗制度与财务管理

王树霞

山东省莱西市卫生局

〔**摘要**〕新型农村合作医疗作为我国医疗体制的重要组成部分，对我国的医疗体制改革的深入发展有着极其重要的作用。本文根据作者的实际工作经验，对农村合作医疗制度产生的背景、存在的问题和如何加强财务管理、促进改革的顺利进行作了深入探讨和详细论述。

〔**关键词**〕农村　合作医疗　财务管理

一、实行新型农村合作医疗制度的背景分析

要谈新型农村合作医疗制度，先从其产生的历史背景说起。

新型农村合作医疗，简称“新农合”，是指由政府组织、引导、支持，农民自愿参加，个人、集体和政府多方筹资，以大病统筹为主的农民医疗互助共济制度。采取个人缴费、集体扶持和政府资助的方式筹集资金。新农合制度的有效实施，在保障农民获得基本卫生服务、缓解农民因病致贫和因病返贫方面发挥着重要的作用。

我国原有的“赤脚医生”式的农村合作医疗制度一度为世界各国特别是发展中国家所普遍存在的问题提供了一个范本，不仅在国内受到农民群众的普遍欢迎，而且在国际上得到广泛好评。1974 年 5 月的第 27 届世界卫生大会，联合国妇女儿童基金会在 1980～1981 年的年报中，都对我国的农村合作医疗制度给予了高度关注和评价。世界银行和世界卫生组织把我国农村的合作医疗称为“发展中国家解决卫生经费的唯一典范”。

但自 20 世纪 70 年代末到 80 年代初，由于农村合作社体制的逐步解体，随着农村内的“工分制”瓦解，原有的农村合作医疗体制已基本上失去了生存的空间和环境，农村的公共医疗机制基本上呈现真空状态。面对传统合作医疗中遇到的问题，卫生部组织专家与地方卫生机构进行了一系列的专题研究，为建立新农合制度打下了坚实的理论基础。1996 年年底，中共中央、国务院在北京召开全国卫生工作会议，

江泽民同志在讲话中指出："现在许多农村发展合作医疗，深得人心，人民群众把它称为"民心工程"和"德政"。随着我国经济与社会的不断发展，越来越多的人开始认识到，"三农"问题是关系党和国家全局性的根本问题。而不解决好农民的医疗保障问题，就无法实现全面建设小康社会的目标，也谈不上现代化社会的完全建立。2002 年 10 月，《中共中央、国务院关于进一步加强农村卫生工作的决定》明确指出："要逐步建立以大病统筹为主的新型农村合作医疗制度"；"到 2010 年，新型农村合作医疗制度要基本覆盖农村居民"；"从 2003 年起，中央财政对中西部地区除市区以外的参加新型合作医疗的农民每年按人均10元安排合作医疗补助资金，地方财政对参加新型合作医疗的农民补助每年不低于人均 10 元"。这是我国政府历史上第一次为解决农民的基本医疗卫生问题进行的大规模的投入。从 2003 年开始，本着多方筹资、农民自愿参加的原则，新型农村合作医疗的试点地区在不断增加。据有关资料提供：截至 2004 年 12 月，全国共有 310 个县参加了新型农村合作医疗，有 1945 万户，6899 万农民参合，参合率达到了 72.6%，改革速度之快令世人瞩目。按照国家"十一五"规划的要求，新型农村合作医疗到 2010 年的覆盖面达到农村的 80%以上。2011 年 2 月 17 日，中国政府网发布了《医药卫生体制五项重点改革 2011 年度主要工作安排》。这份文件明确：2011 年政府对新农合和城镇居民医保补助标准均由上一年每人每年 120 元提高到 200 元；城镇居民医保、新农合政策范围内住院费用支付比例力争达到 70%左右。2012 年起，各级财政对新农合的补助标准从每人每年 200 元提高到每人每年 240 元。其中，原有 200 元部分，中央财政继续按照原有补助标准给予补助，新增 40 元部分，中央财政对西部地区补助 80%，对中部地区补助 60%，对东部地区按一定比例补助。农民个人缴费原则上提高到每人每年 60 元，有困难的地区，个人缴费部分可分两年到位。至此，我国新农合制度模型基本巩固下来。

二、当前新农合制度运行中存在的问题

经过调研认为，尽管新农合制度的有效实施，给国家民主政治生活带来了一派生机，给广大农民群众带来了前所未有的实惠，但仍然存在一些制约改革和发展进程的问题，主要表现在：

（一）参保积极性不高

一方面，由于原有的农村合作医疗体制在经过一系列社会变革之后，物质基础遭到极大的破坏，农民积极性也遭受了严重打击，同时由于在一些地方农村的农业生产力水平还很低，收入水平有限，这些都弱化了农村人口参加农村合作医疗的积极性。另一方面，患小病自不必说，从大病的角度来看，由于农村内部存在着较大

的贫富差距，那些贫穷的家庭一旦得了大病，即使去医院就诊，能够报销一部分费用，但剩下的一部分他们依然无力偿付，所以这些贫困的家庭依然看不起病。这样，不但新型合作医疗没有解决农村内部贫困家庭的医疗问题，反而进一步加剧了农村的贫富差距。第三方面，农村现在呈现的状况是大部分的青年或中年的劳动力外出打工，农村呈现出大量的“空心村”。当这些农民工外出打工时，如果在外地生小病，他们只能在打工所在地看病，这样来说，他们参加新农合就没有得到实惠，这会降低他们的参与热情。当他们得了大病时，由于打工所在地路途遥远，甚至有些急性病时，他们去当地大型的医院就医，也无法享受甚至难以享受到新农合的优惠。

（二）社会满意度较低

社会保险中最基本最重要的一点就在于，它强调的不是个人成本收益的平等，而是保险金的社会满意度。新型农村合作医疗作为一种社会保险，受益的农民和政府补助资金来源的纳税人的满意度对其成功与否具有举足轻重的作用。而调查中发现一些农民不参加新型农村合作医疗主要是基于新型农村合作医疗的保障水平低，农民了解不深，怕政策有变，认为是把自己的保险金拿去补偿别人了等的考虑。另外，烦琐的登记程序、理赔程序，甚至“门难进、脸难看”等不当的执业行为增加了农民许多不必要的麻烦，降低了农民的满意度。

（三）保障措施不到位

新型农村合作医疗制度是以大病统筹兼顾小病理赔为主的农民医疗互助共济制度。这个定义显示出新型农村合作医疗制度是救助农民的疾病医疗费用的，而门诊、跌打损伤等不在该保险范围之内，这项规定使得农民实际受益没有预想的那么大。

（四）农村卫生基础条件较差

长期以来，农村卫生基础设施滞后，乡镇卫生院房屋破旧，一些贫困地方的卫生站甚至存在危房，医务人员短缺，且整体素质不高，长期得不到培训，技术骨干严重流失，很难满足农民日益增长的、多层次的医疗需求。在这样的情况下，如果农民不去乡镇卫生院，而是去县、市、省或更高一级的好医院，他们面临的又是天价的医疗费用，使得他们在一定程度上望而止步。所以从这点来看，也严重制约了新型合作医疗的有效运行。

（五）财务管理工作水平不高

经过近年来各级审计机关或部门内审机构开展的审计情况看，在一些地方存在超越国家政策自定政策、收费标准坚持不严、重复参保多报销费用、医保资金多头开户、资金运营和使用效益不高等问题。在具体年份年全国自上而下开展的社会保障资金审计情况看，此类问题仍然在不同程度地存在。财务管理中存在的问题迫切需要得到有效解决。

三、加强财务管理

总体来说，建立健全有效的合作医疗财务管理制度，强化财务监督与管理，对于巩固和发展农村合作医疗制度，为新农合制度的健康运行保驾护航，促进医疗体制改革十分重要。现就如何加强财务管理提出以下措施：

（一）有效地平衡收支

首先，作为合作医疗的重要物质基础，合作医疗基金收入对于合作医疗意义重大。各级管理单位在没有取得基金收入以及相关财政补助以前，不得私自批准办理农村合作医疗的减免事项，这也必须作为农村合作医疗财务管理的一项基本原则切实落实下去。其次，在农村合作医疗组织中，必须确保每个村民平等的权利和义务得到保护。因此，无论合作医疗的内容是联办还是独办合作医疗，在缴费主体未按规定履行缴纳合作医疗基金义务的，均不得享有合作医疗减免医药费用的权利。最后，坚持“先收后支”的原则，这也是促使缴费主体足额按期收取合作医疗基金的根本保证。在原有的合作医疗制度中，片面地为提高农民积极性而减低合作医疗基金标准，盲目地提高报销比例的不切合实际的做法要予以避免，防止出现财政收支过分投入的现象发生。要切实做到量入为出，将此作为合作医疗财务管理，特别是制定合作医疗财务管理制度时必须遵循的一项基本原则。这也是能够积极取得群众信赖，增强合作医疗经济实力的一条必要措施。

（二）合理地筹措资金

作为合作医疗的基本内容，相关的合作医疗的资金筹集直接影响了财务管理的稳定性，合作医疗基金筹集情况在很大程度上约束了合作医疗保健制度能否巩固和发展。因此，合理地进行资金筹集对于创造一个和谐的合作医疗经济环境，巩固和发展合作医疗至关重要。要做到合理的进行资金筹措，主要应采取以下措施：筹集资金的最低限度，要能够满足广大农民对医疗预防保健的基本需求，这也是推行合作医疗的宗旨；筹集资金的最高限度，应切实考虑农村现实生产力水平，切实考虑广大农民经济承受力，这也是举办合作医疗的社会基础。各级财政及有关部门应重视农村合作医疗机构建设，及时将资金落实到位，避免资金投入的拖欠问题。

（三）科学地监督管理

新农合制度执行的成果如何，直接影响到广大农村人口的身体健康和经济利益，影响到我国的经济发展。因此，有关合作医疗主管部门应该充分体现依法办事、按规办事的工作思想，提高科学管理的意识。在实际工作中，应将农村合作医疗基金的收支情况定期向社会进行公布，欢迎各界监督，并对资金运行过程中存在的相关问题进行有效的分析，广泛听取社会各界的意见，不断地改进和完善管理，以取信于民。各级行政管理部门应建立健全内部审计制度，对下级合作医疗资金活动情况进行经常性监督检查，开展内部审计，通报审计结果，揭示存在问题，分析存在问题的原因，提出解决问题的意见和建议。

（四）加强财会队伍建设

作为各项财务制度和工作的具体执行者、操作者，且由于财务应具有的专业性，财务人员在财务管理体制中有着不可替代的作用。随着医疗体制改革的不断深入，以及财务管理水平的不断提高，要求财务人员不断更新认识，并具有更高的综合素质。第一，在财务队伍中普及法律知识，加强思想和职业道德教育，强化财会人员的法律责任。第二，加强会计核算，实现会计电算化，提高会计基础工作水平；逐步推行会计集中核算制，保证财务管理科学、高效。第三，加强岗位技能培训，形成继续教育的长效机制，建立有效的激励约束机制。

初探管道建设工程中征地费的管理

雷小燕

辽河油田油气集输公司

〔**摘要**〕本文分析了管道建设过程中征地管理影响工程进度及工期和影响投资总额的几种表现形式，并从审计的角度提出了解决这些问题的几点建议。

〔**关键词**〕审计　管道建设　征地费用

近几年来，随着油田建设项目的陆续增多，投资规模的逐步扩大，特别是长输管道工程建设在油田重点工程建设项目中占有很高的比例，油田公司领导对这些项目很重视，相关部门在不同的环节和领域也都给予了大力的支持和指导，我们公司更是将这些项目放在了全年工作重中之重的位置上，投入了很大的精力对此管理。

作为公司的内部审计部门，大家都知道，建设项目审计就是审计人员根据国家在一定时期颁发的方针、政策、法律法规等对所实施建设项目的真实性、合法性、效益性进行独立的监督和评价活动。其目的是为了促进建设项目实现“质量、速度、效益”三项目标，也可以说成是“工期目标、投资目标和质量目标”。在这几年的建设项目审计中，我们也是一直遵循这样的标准去做的。总结回顾，我们得出这样的结论，影响建设项目工程的因素除气候因素之外，与项目征地相关的问题成为阻碍管道工程进展最主要的原因，同时征地费用的不确定也成为影响投资控制的主要因素之一。因此征地管理就成为油气长输管道项目管理的重要内容。笔者仅针对长输管道工程建设工程中征地费用的有关问题，进行初步的探讨。

一、油气长输管道和土地的关系

油气长输管道是指产地、储存库、使用单位间的用于输送油、气等介质，并跨省、市，穿、跨越江河、道路等，中间有加压泵站的长距离（一般大于 50 千米）管道。长距离和埋地敷设是油气长输管道的主要特征。管道设施的建设、使用和维护都要依附于土地，以临时、永久或其他方式占用土地。油气长输管道的快速发展带来了管道项目用地的日趋紧张。围绕土地权利、用地补偿等产生的矛盾日益凸显，主要表现在“征地”困难和阻工现象不断发生，还包括管道建设与城乡规划、管道施工与环境保护、管道安全与土地利用、管道与其他工程相遇等一系列矛盾。这些矛盾在管道项目建设中成为制约工程进展最显著的因素，进而征地及用地管理就成为油气长输管道项目管理的重要内容。

二、征地影响工程进度及工期和投资总额的几种表现形式

（一）长输管道项目大都经过多个不同的行政区域，那么获得地方规划、用地预审、环境评价等有效支持文件的周期通常很长，所以说征地手续的办理也是一个长期过程。并且长输管道项目用地事先不在地方政府土地利用总体规划之列，因此管道建设经常与地方土地利用规划发生冲突，不得不通过听证来获取用地或者重新设计改线，这样就意味着公司将延误施工工期，同时付出更多的资金代价。

（二）征地补偿费分配机制不合理。根据《中华人民共和国土地管理法实施条例》“土地补偿费归农村集体经济组织所有”的规定，地方性实施办法一般是：对农村集体经济组织的土地被依法全部或部分征用，由征地单位安置的，土地补偿费、安置补助费由安置单位用于土地被征后人员的安置；对被部分征用，需要安置的人员由被征地单位安置的，土地补偿费支付给被征地单位，用于发展生产、就业和生活补助，其使用由村民会议或者村民代表会议决定，报乡（镇）人民政府批准后执行，安置补助费支付给被征地单位，由被征地单位管理和使用；地上附着物和青苗补偿费支付给地上附着物和青苗的所有者。这就意味着，农民个人所能明确获得的补偿费只是地上附着物和青苗补偿费，只占全部征地补偿费的很少部分。因而在建设项目施工过程中，农民自然就想再获得额外的补偿。

（三）长输管道项目的征地问题，主要包括征地补偿标准问题、拆迁问题、耕地占补平衡问题，等等，其中补偿标准更是公司与土地权利人之间的焦点所在。在各地方的征地补偿标准中，大多没有油气长输管道项目用地的补偿标准，只能通过与地方政府的谈判来确定，最终以地方政府文件的形式执行。但在实际执行过程中，有的因为补偿资金不能及时发放到被补偿者手中，有的则是被补偿者对这种补偿标准有时并不认可，他们不关心用地的方式和补偿标准是否合法，而是期望得到更高的补偿数额，地方政府对此也不能强制执行。

（四）部分农民钻政策空子，要求高额补偿。部分农民存在侥幸心理，一旦了解工程项目的建设地址或者线路以后，就在该地新建临时房屋或新种植一些经济作物，以此想得到额外补偿。

（五）管道需要穿越河流、铁路、公路时，相关的主管部门常常会提出超出正常标准的高额的穿越费用，并且强行取得自行施工的权限，公司对此情况迫于工期、协调油地关系压力往往只能接受这种要价以取得通过权。

（六）由于《石油天然气管道保护法》对管道中心线两侧一定范围内的土地利用和其他行为做出了限制性规定，所以土地权利人就此要求以永久用地的方式给予补偿，尽管他们明白管道企业不会永久使用管道上方的土地，这无形中就加大了建设项目费用支出。

目前，笔者了解的某公司有一条正施工的管线，已经断断续续施工了四年，间断的主要原因就是征地问题，超概算的部分原因也是由征地费用的增加而导致的。到目前为止，依然还有一处断点协调不下来，要么支付高额的补偿费，要么改线，但改线涉及穿越高铁，也是要支付高额的费用。

综上所述，征地的管理在管道施工管理中占有很重要的地位，地征不下来，严重影响施工进度和工期，超标准补偿更是不利于投资的总体控制，因此，做好征地补偿管理已上升到一个新的高度，在某种程度上决定着工期目标和投资目标的完成情况。

三、从审计的角度对征地管理提出的几点建议

总结建设项目审计经验，针对目前在施工过程中由于征地问题受阻的现状，笔者提出以下几点建议：

（一）优选路由。在项目设计阶段对路由的选定要慎重，尽量本着减少耕地占有和穿越次数的原则来确定管线走向，设计单位和建设单位共同参与，相关部门通力配合，同时应做好路由方案的保密工作。

（二）加强与地方政府的沟通协调，运用法律手段维护自己的权益。由于长输管道跨越几个或多个行政区域，应与上一级土地管理部门取得联系，召集跨域区域的土地管理部门，达成补偿协议，确定补偿标准。并充分利用已有的法律法规支持，用理论指导实践。《石油天然气管道保护法》明确了将管道规划纳入城乡规划，有利于解决管道建设同城乡规划之间的矛盾；同时也明确了管道与其他建设工程相遇关系的处理原则，要求后开工的建设工程服从先开工或者已建成的建设工程。

（三）在征用土地之前，做好沿线的地上附着物的实际状况的资料留存工作。进行详细的基础资料统计，会同地方政府土地管理部门，共同进行现场交桩、放线，以及用地地类、地面附着物、面积调查登记统计、确认、审查和审批。同时可以使用拍摄照片、录制影像等方式，以减少土地权利人临时栽种为获得高额补偿的行为的发生。从以往的审计过程得知，容易发生纠纷的环节除补偿标准以外，地面附着物的确认工作也是矛盾的焦点。

（四）提高征地工作透明度。在项目用地前期准备阶段，严格落实拟征地公告制度，包括拟征土地的范围、面积、征地时间、补偿标准等。这样既让被征地农民

享有知情权、参与权，又通过拟征地公告实施有限期的冻结，明确对“抢种、抢栽、抢建”现象不予补偿的原则。在国土部门或征地机构对拟征土地的面积、地类、权属进行调查和确认后，即与被征地集体组织和农民签订征地补偿协议，并将此作为征地报批不可缺少的要件，没有征地补偿协议不予办理报批手续。这样既充分尊重了被征地集体组织和农民的意志及财产权，又使征地批后实施有了补偿依据，消除了补偿纠纷隐患，还为征地批后核查奠定了基础。

（五）节约占地的办法。在同一项目或不同项目但某一段同路由的情况下，考虑同沟敷设，还可以考虑合并建站。另外施工方在管道建设过程中必须严格按设计的作业宽度施工，杜绝超占地作业，减少土地冲突事件的发生。对施工队伍进行土地法规宣传教育，规范其用地行为，尽可能减少建设用地。

（六）建设单位与施工单位一起，共同完成征地工作。通过这几年的审计来看，征地协调工作主要是由建设单位来承担的，施工单位对征地工作基本没参与。笔者认为，最好是建设方负责省级以上协调，施工方负责县市乡协调，以及村镇的具体操作；双方配备有足够的协调人员、办公和交通保障，各司其职，形成完整的机制体系。

“征地难”是目前管线建设工程项目中存在的共同问题，因此建设项目用地管理逐渐成为工程项目管理中的重要内容。尽管我国《石油天然气管道保护法》第十五条规定，“依照法律和国务院的规定，取得行政许可或者已报送备案并符合开工条件的管道项目的建设，任何单位和个人不得阻碍”。但在目前的管道工程建设中，阻工是非常普遍和严重的问题，而且强制法律手段很少也很难被采用。笔者总结的上述几点建议也许不能从根本上解决征地难的现状，但至少能对征地起到一定的促进作用，要想从根本上解决这种状况，还得依靠国家相关的政策法规等的实施。

参考文献：

[1] 时现，朱恒金.建设项目审计[M]. 北京：北京大学出版社，2002.
[2] 时现. 建设项目审计[M]. 北京：中国时代经济出版社，2008.

治理民营企业会计违法违规问题之我见

刘均琴

山东省莱西市农业局

近年来，在国家宏观经济政策的正确指引下，民营企业在国民经济中发挥着越来越重要的作用，民营经济已经在很多地方已成为创造地方财政和农民收入、安置农村富余劳动力、吸收高中级专业技术人才和大学生择业的主渠道。

尽管如此，在快速发展的民营经济背后，同时也潜藏着较为严重的会计违法违规行为，应当引起足够重视。

民营企业会计违法违规问题的表现形式

仅据来自某地 10 户民营企业调研情况看：当前民营企业会计违法违规问题可以归结为以下六类：

表现之一：会计基础工作薄弱。有的单位会计资料保管不善，连续两年度会计总账缺失，部分年度存货明细账、会计凭证缺失。有的单位“固定资产”总账与明细账相差 170 余万元，不查明原因，直接将差额挂账，并照提折旧三年之久；“其他应付款”总账与明细账相差 159 万元，直接将差额挂账。还有一个单位由于总账与明细账不符，在未查明原因的情况下重新调整总账。有的单位同样的人、同样的事项记入不同的账户，后来会计人员更换，新官不理旧账，形成了一本“糊涂账”。

表现之二：经营成果严重不实。有的在集团公司内部单位间互相空开发票，虚增购销金额，数额巨大，并由此人为虚增进项税数百万元。某单位虚设“库存商品（5）”户，用以调剂商品销售成本虚增利润 206.7 万元。有的单位利用计提 “租赁费”和“运费”的办法调整利润 120 万元。某单位为了掩盖管理失控引起的严重存货盘亏，人为调低产品销售成本、一次性掩盖亏损 528 万元。在上述审计过的 10 户企业中，普遍存在产品、原材料成本结转不实问题。

表现之三：银行账户过多过滥。有的单位银行账户多的时间达到 18 个，有的多年不用、不核对。

表现之四：往来账项账、账不清。有的单位在集团公司内部各单位间多年来一直开展往来业务，由于长期不核对账务，形成对账差额 288 万元。有些单位外欠款长期不清理形成呆账；有的长期欠款已经起诉，但是往往是赢了官司不赢钱。

表现之五：库存物资账、实不符。有的单位清查出账内外固定资产共 121 种、低值易耗品 151 种，由于长期以来未组织进行专项清理，财务人员更换等，账物严重分离，无法分清账内与账外资产。还有一印刷企业因产品质量问题发生退货金额 200 余万元长期不处理账务，形成严重的经济损失。

表现之六：现金管理使用不严。有个单位几任出纳会计陆续出现严重短款问题，短款数额都在 5000 元以上；有个单位出纳会计干了半年，三次点库三次出现短款，金额达 5000 余元。有些单位以支付“业务费”、“客户佣金”、“咨询费”等名义大额支出现金，少则几千元，多则数万元，且支款用途不明，签字手续不完善。还有的购买汽车都是用现金支付。白条付款、白条顶库现象也较为普遍。

另外，审计还反映出民营企业存在偷逃税款、虚假出资问题；私设“小金库”问题也带有一定的普遍性。

上述问题，只是当前民营企业发展中的一个缩影。民营企业的会计违法违规问题可谓触目惊心，其严重程度要远远超出国有企业。

产生问题的原因分析

存在上述问题的原因可以归结为以下四个方面：

首先，企业法人的个人意志是会计违法违规问题滋生的直接诱因。由于民营企业的发起大多源自乡村和个人，管理人员多数来自于“本乡本土”，实施“家族式”管理，这种形式的企业往往是法制观念较为淡薄。

其次，企业内部审计机构虽然已经建立健全，但是其实质意义上的不独立性影响了审计监督职能的充分发挥。根据《审计署关于内部审计工作的规定》等有关法律法规，在民营企业内部根据需要设立独立的内部审计机构，受单位主要负责人领导。但是实际上，有相当一些民营企业还没有建立内部审计制度，已经建立的也在机构设置、管理体制上“五花八门”，独立性难以体现，致使一些重大问题屡禁不止。

再次，国家审计法律法规方面的局限性，使民营经济脱离了国家审计的监督。根据《审计法》和《审计法实施条例》的规定，国家审计机关对国有企业和国有资产占控股地位企业进行审计监督。而民营企业不占有国家资本金，不在国家审计监督范围之列。国家审计机关只能通过成立协会（学会）的方式对其业务质量进行检查和评估，从目前的情形看其作用是微乎其微的，民营企业的会计违法违规问题要通过内部审计协会（学会）和国家审计机关的检查和评估来得到较好的根治还有待时日。

最后，会计队伍的整体素质不高，基础工作薄弱。存在会计违法违规问题之所以点多面广，表现形式多种多样，主要原因还在于没有一支素质过硬的会计队伍。从这些企业看，会计队伍在年龄、学历、职称等方面可谓参差不齐，会计基础工作薄弱直接导致一些违法违规问题时有发生。

采取三项措施，治理会计违法违规

我们认为，要从根本上遏制民营企业的会计违法违规问题，应采取三项措施：

首先，企业法定代表人要自觉遵守国家财经法律法规，用足用活国家给予民营经济的扶持和优惠政策，依法经营，照章纳税。要重视内部审计工作的开展，建立健全正常的内部审计制度，给审计工作撑腰打气，提供良好的发展空间。

其次，重视会计队伍建设。即：在企业内部建立一支素质过硬、业务水平较高、有一定的财经法规知识、敢于坚持原则、有责任心、事业心和较高的专业技能、敢打硬仗的会计队伍。这是搞好会计工作，提升会计工作质量的根本保证。

最后，重视和加强内部审计监督。

实施内部审计是治理会计违法违规问题的一项非常有效也非常必要的手段。我们认为应从三个方面入手：

（一）从基础入手，重视内部审计“三化”建设。一要采取以审代训、以会代训，走出去、请进来等多种方式，锻炼审计队伍；把内部审计人员学习、培训制度作为一项长期工程，作出规划，抓紧抓好，保证审计人员的业务技能和政策理论水平在形势面前不落伍，实现内部审计经常化。二要建立民营企业内部审计长效运行机制，实现内部审计制度化。对内部审计的发展要按照“有利于企业长足发展、有利于监督职能充分发挥、有利于合理整合审计资源”的原则，作出长远规划，既要保证审计覆盖面，又要贴紧行业实际，突出监督重点。三要理顺内部审计与国家审计的关系，实现内部审计的规范化。首先，在企业内部要建立相应的内部审计管理制度和有关的专业审计办法，指导内部审计业务的开展。其次，完善国家审计法律法规，加强对内部审计的监督和评估力度。建议进一步完善《审计法》或者通过地方立法，规范和完善民营经济审计，赋予国家审计机关对民营经济一定的监督检查和处理处罚权力，理顺国家审计和民营经济内部审计的关系，明确相互之间的权利和义务。

（二）从“审、帮、促”三结合着眼，突出抓好现场审计。内部审计人员要通过开展广泛的审计监督，充分履行监督职责，在现场实施审计中及时发现问题，及时帮助整改问题，同时积极向他们宣传国家有关会计、审计和其他财经法规，引导他们充分认识问题的性质和严重程度。这样一来，随着会计工作规范化水平的不断提高，会计违法违规问题和审计风险定会同步减少。

（三）严肃审计处理，保证项目质量。对审计发现的各类会计违法违规问题，要严格按照国家《会计法》等有关财经审计法规，明晰责任，不管是领导人员的、还是会计主管人员的，不管是有意的、还是无意的，都要依法做出处理。依法审计、依法处理是确保内部审计质量的关键之所在。

发票真伪辨别方法

张　玲
正阳路会计师事务所
马先森
日东高速公路日照管理处

〔**摘要**〕发票是税收缴纳、财务管理的重要依据，因此，辨别发票真伪成为财务管理的一个重要课题。本文通过在实际工作中遇到的问题，提出几点发票真伪辨别方法，探讨怎样有效地拒绝虚假发票，打击私自印制、伪造变造、倒买倒卖发票等违法行为，保护消费者的合法权益，维护正常经济秩序。

〔**关键词**〕发票　真伪　辨别

发票是记录经济业务真实发生的重要凭证，具体来说，是指在购销商品提供或接受服务以及从事其他经营活动中，开具收取的收付款凭证，也是税款缴纳、税项抵扣的主要依据。税务机关通过发票来强化税源监控、堵塞税收征管漏洞，广大消费者利用发票来维护自己的合法权益不受侵犯，由此可见，发票与我们现实生活息息相关，发票的重要性也就充分体现出来。如今，社会上虚假发票泛滥成灾，一些单位和个人为了偷逃税款，自己非法印制或非法购买虚假发票，严重扰乱市场经济秩序，阻碍经济发展。《中华人民共和国发票管理办法》第三十六条规定："未按照规定取得发票的单位或个人，由税务机关责令限期改正，没收非法所得，可以并处1万元以下的罚款"。第三十八条规定 ："私自印制、伪造变造、倒买倒卖发票，私自制作发票监制章、发票防伪专用品的，由税务机关依法予以查封、扣押或者销毁，没收非法所得和作案工具，可以并处1万元以上5万元以下的罚款；构成犯罪的，依法追究刑事责任。"因此，我们在取得发票时，要认真辨认发票真伪，拒绝虚假发票。本人在实际工作中总结出辨认发票真伪的几点方法，仅供大家参考。

一、感觉触摸辨别法

正规发票一般都使用防伪水印纸，纸质较好、纸张较硬，用手触摸，表面光滑。

如果发票纸质粗糙，印刷排版不整齐，而且颜色异常，多为虚假发票，这一点同辨别真假人民币有点相似。

二、发票印章、数码及防伪水印辨别法

1. 发票联都套有“全国统一发票监制章”，在紫外灯照射下呈橘红色荧光反应，发票监制章由省以上税务局统一制作和发放，形状为椭圆形，上环刻有“全国统一发票监制章”，下环刻有“国家（地方）税务局监制”字样，中间刻有税务机关所在省、市（县）的全称，规格统一为 3cm × 2cm。

2. 大多发票都标有发票代码、发票号码、密码及兑奖区（专用发票、税务机关代开发票除外，如网通、移动、电业等专用发票，没有密码及兑奖区）。发票代码为 12 位数字，由国家税务总局在全国范围内统一编排，第 1 位数为“1”或“2”，“1”代表此发票由国家税务局监制，“2”代表此发票由地方税务局监制，第 2、3 位代表省、自治区、直辖市代码，第 4、5 位代表地级市（县）代码，其他数码由各省、市税务局自己编排；发票号码及密码各为 8 位数字，由各省市税务局自己编排。发票代码与发票号码及密码为一一对应关系。

通过发票数码可辨别发票真伪。如一张发票前 5 位数码为“13711”，表示此发票由山东省日照市国家税务局监制的发票，此发票只能由注册地在山东省日照市范围内的企业使用，“23701”表示此发票由山东省济南市地方税务局监制的发票，此发票只能由注册地在山东省济南市范围内的企业使用。如果一张发票代码前 5 位数为“13701”，而发票表面盖有“山东省日照市×××企业发票专用章”，则此发票为假发票，因为在济南市范围内使用的发票不可能由日照市范围内的企业使用，故此发票为假发票，这是识别真假发票的一种重要方法，在实际工作中经常用到。

3. 利用发票防伪水印辨别真伪。普通法票和增值税发票都带有水印图案，迎光查看都能清楚发现“SW”字样。但是，一些新版发票取消了水印防伪标志，因此，不能完全根据此种方法辨别真伪。

三、发票用途辨别方法

根据经济业务的性质不同，发票使用种类也不相同。销售货物及提供应税劳务使用增值税发票，商业零售使用“×××省商品销售统一发票”，建筑安装、装饰、花卉苗木等使用工程类发票，工业销售使用“×××省×××市工业销售统一发票”，汽车维修行业使用“×××省修理修配统一发票”，如果某项经济业务与发票种类不相匹配，则此类发票不能使用，应予以更换。观察发票物品名称是否为开票

单位的经销范围，如果建筑安装工程使用商品销售类发票；家电维修部、加工门市部的发票，物品名称却是煤炭，这样的发票显然存在问题，应加以注意。

商业零售发票名称应为“×××省商品销售统一发票”，如果发票名称为“×××省×××市商品销售统一发票”，则此发票为假发票；如果发票名称为“×××省商业销售统一发票”，则此发票为过期作废发票。国税局监制的“商品销售统一发票”、“工业销售统一发票”还有部分手写发票。建筑安装、装饰、苗木花卉等工程类发票、增值税发票、关税发票，服务业、娱乐业、文化体育业等地税发票，全部为机打发票或通用定额发票。如果发现有手写发票，则为假发票。这是识别真假发票的另一种重要方法，通过此种方法，我们发现了大量的假发票。

四、发票填写和时效性辨别法

发票填写要完整，要仔细观察发票付款单位名称、开票日期、品名、数量、单价、大小写金额、开票人、收款人等笔迹是否一致，大小写是否相符，有无涂改现象，发票正反两面是否都使用复写纸，大小写是否都填写在指定位置，发票物品名称是否具体、正确、清楚，如填写物品名称为生产用品、办公用品、百货、日杂、土产等内容比较笼统，并且数额较大，有可能存在问题。发票左下角都标有使用期限，如果超出使用期限，则为作废发票。

五、“12366”税务系统查询及网上查询方法

如果以上几种方法还不能确认发票真伪，则可以通过查询税务系统热线“12366”予以证实，拨打“12366”之后，输入发票代码、号码及发票覆盖区密码，利用发票代码与密码唯一对应关系，系统会自动提示发票真伪。还可以利用网上查询，如山东省税务系统网上查询发票真伪网址为“www.sdds.gov.cn”，输入发票代码、号码及密码可辨别真伪。

以上几种方法简单可行，易于辨认，在实际工作中经常使用，也可以几种方法一起使用，效果会更加明显。

浅议企业的应收账款管理

鹿天君

山东省青岛万福宏远置业有限公司

应收账款是指企业在销售商品、产品或提供劳务过程中形成的应收债权。主要包括企业对外出售产品、材料、提供劳务等应向有关债务人收取的价款及代购货方垫付的运杂费等，包括应收销售款、其他应收款和应收票据等。应收账款对于企业来说是除了货币资金以外最重要的流动资产，一般来说企业宁愿通过现金折扣以收回销售现款，而不愿意采用赊销。但是，随着市场经济的发展以及市场竞争的加剧，迫使大部分企业不得不为购货方提供商业信用，以赊销的方式来销售商品，扩大销售收入，并形成应收账款。通过赊销虽然可以扩大企业的销售额，有益于销售目标的实现，但是随着赊销，应收账款的增加也会影响到企业的资金周转速度，并不可避免地会产生一些坏账。应收账款管理的好坏直接关系到企业的持续经营能力，影响到企业经营战略能否顺利实现。本文拟通过对应收账款发生及回收的各个环节加以阐述，为企业在加强应收账款管理、防止呆账损失、加强流动资金周转方面提供有益的借鉴。

一、应收账款管理的意义

（一）加速流动资金周转，保证生产经营活动的正常进行

通过赊销的方式有利于扩大企业的销售数量、稳定客户群体。但是通过赊销也导致了企业的物流与资金流不一致，在按照权责发生制核算销售收入的情况下，企业当期的流转税和所得税以及对股东的现金利润分配都要求企业必须具有充足的现金储备，而赊销影响了企业现金流入的时间和质量。通过对应收账款的管理，合理确定各个客户的信用额度，并执行正确的审批手续，实行合理的收账政策，能够准确掌握各个客户的信用状况和经营状况，及时调整企业的信用政策，确保企业的应收账款及时、足额收回，保证企业生产经营活动的正常进行。

（二）形成稳定的供销关系，促进企业销售战略的稳步推进

随着市场竞争的加剧，赊销成为各类企业扩大销售收入的一条重要途径。良好的应收账款管理制度，能够使企业与客户双方形成良好的供销关系。使每一个客户了解企业的销售政策，在政策允许的范围内，尽量满足客户的要求，并安排专人记

录客户的反馈信息，根据客户的需求及时调整不适当的销售政策，最终达到企业与客户的互利双赢，促进企业销售目标的实现。

（三）形成良好的现金流量，为企业扩大再生产奠定基础

通过对应收账款的管理，制定一系列的规章制度并确保其落实执行，既扩大了企业的销售收入，确保企业利润指标的顺利完成，又能够通过良好的收账政策，确保企业有足够的现金流量，保证扩大再生产的顺利进行。

二、应收账款的管理目标

应收账款的发生主要是基于商业竞争和销售与收款的时间差距这两方面的原因。对于企业来讲，一方面想借助应收账款来扩大销售，增加销售收入，增强市场竞争能力，同时又希望尽量避免由于应收账款的存在而给企业带来的资金周转困难、坏账损失等弊端。应收账款管理的目标就是要制定科学合理的应收账款信用政策，并在这种信用政策所增加的销售盈利和采用这种政策预计要负担的成本之间做出权衡。只有当所增加的销售盈利超过运用此政策所增加的成本时，才能实施和推行这种信用政策。同时，应收账款管理还包括对企业未来销售前景和市场情况的预测和判断，以及对应收账款安全性的调查。如果企业的销售前景良好，应收账款安全性高，则可进一步放宽其收款信用政策，扩大赊销量，获取更大利润；相反，则应相应严格其信用政策，或对不同客户的信用额度进行适当调整，确保企业在获取最大收入的情况下，又使可能的损失降到最低点。

企业应收账款管理的重点，就是根据企业的实际经营情况和客户的信誉情况制定企业合理的信用政策，这是企业财务管理的一个重要组成部分，也是企业为达到应收账款管理目的必须合理制定的方针策略。

三、应收账款管理制度

应收账款对于企业来说是一项十分重要的资产，必须建立与之相适应的规章制度，确保企业的资产免受损失，通常应收账款的管理制度主要包括以下几个方面：

（一）职务分离制度

产品的赊销、批准、应收账款的回收与记录以及应收账款总账和明细账的登记工作，均应授权给不同的人员负责，确保不相容职务的分离，防止赊销业务中错误与舞弊行为的发生。

（二）账簿记录制度与定期对账制度

完善的应收账款管理制度必须建立详尽的账簿登记制度，企业应该为每一个客户建立明细账户，及时登记每一客户应收账款余额的增减变动情况和信用额度使用情况。企业对长期往来客户应当建立起完善的客户资料，并对客户资料实行动态管理，及时更新。并每月与客户及时对账，对于发生的差异及时查明原因进行适当的账务处理。同时每月将明细账的余额进行加总合计与总分类账的余额核对是否相符，对于不符的客户，必须查明原因，确保账簿记录的真实性、及时性、准确性和完整性。

（三）应收账款账龄分析制度

企业应定期或者至少于每年年末对应收账款进行账龄分析，通过账龄分析结合客户的资信状况和财务状况确定应收账款的可收回性以及可收回的比例，以此作为企业计提坏账损失和制定赊销政策的依据。

（四）坏账准备制度与坏账损失转销处理制度

企业应结合自身的实际情况，确定适当的计提坏账准备的方法，例如：应收账款账龄分析法、应收账款余额百分比法和个别认定法，等等。对于计提的坏账准备应合理分析，对于确实无法收回的应收账款，根据授权批准制度经相关人员或部门或董事会批准后予以转销。

（五）逾期应收账款的催收制度

一般来说，由企业的销售部门负责应收账款的催收，并将催收情况作必要的记录，催收方式可以使用信函、电话、上门等方式，甚至可以采用律师函的方式。财务部门应当督促销售部门加紧催收。对催收无效的逾期应收账款可通过法律程序予以解决。

四、如何对应收账款进行有效管理

（一）加强应收账款的日常管理工作

企业在应收账款的日常管理工作中，有些方面做得不到位，比如说，对客户信用状况的分析，账龄分析表的编制等。具体地讲，可以从以下几个方面做好应收账款的日常管理工作：（1）做好基础记录，了解客户付款的及时程度，基础记录工作包括企业对客户提供的信用条件，建立信用关系的日期，客户付款的时间，目前尚欠款数额以及客户信用等级变化等，企业只有掌握这些信息，才能及时采取相应的对策。（2）检查客户是否突破信用额度。企业对客户提供的每一笔赊销业务，都要检查是否有超过信用期限的记录，并注意检验客户所欠债务总额是否突破了信用额度。（3）掌握客户已过信用期限的债务，密切监控客户已到期债务的增减动态，以便及时采取措施与客户联系提醒其尽快付款。（4）分析应收账款周转率和平均收账期，检查流动资金是否处于正常水平，企业可通过该项指标，与前期实际、本期计划及同行业相比，借以评价应收账款管理中的成绩与不足，并修正信用条件。(5)考察拒付状况，考察应收账款被拒付的百分比，即坏账损失率，以决定企业信用政策是否应修改，如实际坏账损失率大于或低于预计坏账损失率，企业必须检查信用标准是否过于严格或太松，从而修正信用标准。(6)编制账龄分析表，检查应收账款的实际占用天数，企业对其收回的监督，可通过编制账龄分析表进行，据此了解，有多少欠款尚在信用期内，应及时监督，有多少欠款已超过信用期，计算出超时长短的款项各占多少百分比，估计有多少欠款会造成坏账，如有大部分超期，企业应检查其信用政策。

（二）对客户进行动态管理、及时追踪客户信息变化情况

一般情况下，销售部门应当按照销售政策和信用政策来决定是否对客户是否进行赊销。特殊情况下，应提前向审批人员提出申请。对符合赊销条件的客户，必须由审批人员签字批准。信用部门在收到销售部门的销售通知单后，要将销售通知单与该客户已被授权的赊销信用额度以及至今尚欠的余额加以比较。进行赊销信用检查时，还应合理划分工作职责，以切实避免销售人员为扩大销售而使单位承担不必要的信用风险单位应当建立信用批准控制制度，降低坏账风险。单位对于每一个新客户都必须进行信用调查，包括获取信用评估机构对客户信用等级的评定报告，要求新客户提供能够证明其资信情况的资料和财务会计报表来决定是否给予赊销。对于老客户，应考虑过去的成交记录，确认其是否具有良好的商业信用。四川长虹集团的海外应收账款超过 40 个亿的人民币损失无法收回为企业信用政策的制定和客户动态管理敲响了警钟。

（三）通过财务部门的有效分析管理，促进应收账款的及时回收

企业的财务部门要对应收账款进行充分的分析，包括应收账款的追踪分析、应收账款账龄分析、应收账款收现率分析等掌握应收账款的具体情况，避免坏账损失的发生。

应收账款的追踪分析主要是分析客户购入商品后再销售的变现情况，如果客户能够及时地再销售变现，则应收账款收回的可能性就大，除非客户有意赖账，一般可以选择那些金额大或信用品质相对较差的客户作为重点考察对象。另外，追踪分析还可以对客户的信用品质、偿债能力作延伸性调查分析。应收账款的账龄分析是指分析应收账款的欠账时间，一般来说信用期过后拖欠时间越长，坏账发生的可能性就越大。同时对应收账款的总体账龄分析，可以明确催收工作重点，以及应计提的坏账准备。应收账款的收现率分析是指有效收现的应收账款占全部应收账款的百分比。由于赊销时，资金被客户占用，而实现收入的税款必须由企业的现金支付，如果没有基本的收现率作保证，不仅会影响到企业生产经营的连续性和稳定性，恐怕连税款也难以支付。

（四）严格落实单位内部不相容职务分离制度，确保应收债权的真实性、完整性

应收账款控制属于销售与收款循环中的关键控制环节之一，这一循环中的不相容职务主要包括：开具发票与发票的审核岗位应当分离，编制销售发票通知单与开具销售发票分离；应收账款记录与收款岗位应当分离；催收货款与结算货款应当分离；退货验收的人员与退货记录的人员应当分离；折扣与折让的给予与审批应当分离；禁止销售人员直接接触回收的货款等。

（五）严格控制坏账损失的发生，千方百计回收欠款

企业对于可能成为坏账的应收账款应当向有关的决策机构报告，由其进行审查，确定是否将其确认为坏账。企业发生的各种坏账应当查明原因，明确责任，并在履行规定的审批程序后作出会计处理。企业应当采用备抵法核算应当计提的坏账准备，严格分析应收账款账龄。下列各种情况一般不能全额计提坏账准备：当年发生的应收款项，以及未到期的应收款项；计划对应收款项进行重组；与关联方发生的应收款项；其他已逾期，但无确凿证据证明不能收回的应收款项。但这也并不意味着企业对与关联方之间发生的应收款项可以不计提坏账准备，企业与关联方之间发生的应收款项与其他应收款项一样，也应当在期末时分析其可收回性，并预计可能发生的坏账损失，对于极可能发生的坏账损失，计提相应的坏账准备。企业与关联方之间发生的应收款项一般不能全额计提坏账准备，但如果有确凿证据表明关联方已撤销、破产、资不抵债、现金流量严重不足等，并且不准备对应收账款进行债务重组或无其他收回方式的，则对于无法收回的应收关联方的款项也可以全额计提坏账准备。企业注销的坏账应当进行备查登记，做到账销案存。已注销的坏账又收回时应当及时入账，防止形成账外账。

尽管对应收账款的发生和回收制定了详尽的管理制度，但是在实务中仍然存在着通过正常的回收途径难以收回的应收账款，在这种情况下，一般通过以下途径对应收账款进行处理：

1．成立清收小组，对应收账款催讨

企业内部应当明确经济责任，原则上实行“谁赊销、谁清欠”的原则。但是，对逾期的应收账款一般由清收小组根据具体情况分别采取不同的清收政策，如发催款函、电话催收、上门催收，甚至通过法律途径起诉，等等。对于追讨回来的逾期应收账款，应该按照一定比例对清收小组成员进行适当的奖励。

2．通过债务重组方式回收应收账款

按照财务管理企业价值最大化的原则，企业应当通过各种不同的方式回收企业的应收账款，将坏账损失降到最低。若客户遇到暂时的困难，经努力可东山再起，企业可以帮助其渡过难关，以便收回账款，一般做法为进行应收账款债权重整：接受欠款客户按市价以低于债务额的非货币性资产予以抵偿；改变债务形式为“长期应收款”，确定一个合理利率，同意客户制订分期偿债计划；修改债务条件，延长付款期，甚至减少本金，激励其还款；在共同经济利益驱动下，将债权转变为对用户的“长期投资”，协助启动亏损企业，达到收回款项的目的。

3．应收账款出售

应收账款出售是指企业在收款无望的情况下，将应收账款的债权整体出售给银行、基金公司、资产管理公司或者其他愿意接受该债权的企业。应收账款出售是企业在万不得已的情况下采取的一种策略，通常它会影响到企业与客户的商业关系，并且一般以低于应收账款账面价值的金额出售，或多或少会给企业带来出售损失。

审计篇

基层国有企业负责人经济责任审计博弈与对策

郑高才　宿代桥　杨　槐　段丽君　李巧宁　刘贵莉

中国邮政储蓄银行重庆分行课题组

〔**摘要**〕基层国有企业是受上级委托进行生产经营的经济实体，由于信息不对称，在实施经济责任审计时，审计人与被审计人的博弈因为参与人的不同而采取不同的策略。此外，审计人要运用风险导向审计、数据挖掘等先进技术，缩小与被审计人在信息占有上的差距。同时，委托人加大对审计结果的利用会有效地阻止受托人违背委托人的利益。

〔**关键词**〕经济责任　审计　博弈

2010年10月12日，中共中央办公厅、国务院办公厅印发《党政主要领导干部和国有企业领导人员经济责任审计规定》（以下简称《规定》），并于12月8日向社会公布。《规定》深化了审计内容，规范了审计程序，强化了结果运用。国有企业作为国民经济中的主导力量，如何在抓好经营管理的同时，履行好对下属企业国有资产监督管理职责，参照《规定》，按照干部管理权限开展好基层企业经济责任审计，是贯彻落实《规定》工作的重要组成部分。本文拟从委托代理及博弈论的角度，对基层国有企业负责人经济责任审计的相关问题进行探索。

一、理论回顾与概述

（一）委托代理理论

作为代表国家所有权人负责具体的投资、管理和经营活动的实体，国有企业与非国有企业一样，是一系列合约的联结，企业内部各层级组织的责任与义务，以及一系列的管理行为，同样可以利用委托代理理论来进行分析。

20世纪30年代，美国经济学家伯利和米恩斯因为洞悉企业所有者兼具经营者的做法存在的弊端，提出了“委托代理理论”，倡导所有权和经营权分离，企业所有者保留剩余索取权，而将经营权利让渡，根据一种明示或隐含的契约，指定、雇佣代理人为其服务，同时授予后者一定的决策权利，并根据后者提供的服务数量和质量对其支付相应的报酬。

委托代理关系源于“专业化”的存在而存在，是随着生产力大发展和规模化大生产的出现而产生。一方面是因为生产力的发展使得分工进一步细化，权利的所有者由于知识、能力和精力的原因不能行使所有的权利了；另一方面专业化分工产生了一大批具有专业知识的代理人，他们有精力、有能力代理行使好被委托的权利。但在委托代理的关系当中，由于委托人与代理人的效用函数不一样，委托人追求的是自己的财富更大化，而代理人追求自己的工资津贴收入、奢侈消费和闲暇时间最大化，这必然导致两者的利益冲突。在没有有效的制度安排下代理人的行为很可能最终损害委托人的利益，这也是审计存在的基础。

（二）信息不对称理论

委托代理理论是建立在非对称信息博弈论的基础上的。非对称信息指的是某些参与人拥有但另一些参与人不拥有的信息。信息不对称理论不仅说明了信息的重要性，更揭示了市场中的人会因获得信息渠道之不同、信息量的多寡而承担的不同风险和收益。由于信息不对称问题的存在可能造成信息占有优势一方经常会作出“败德行为”和信息占有劣势一方面临交易中的“逆向选择”，这两种的直接后果是扭曲了市场机制的作用，误导了市场信息，造成市场失灵。因此，必须设计最优的市场体制方案来防止信息不对称问题带来的“市场失灵”，这一理论不仅为洞察市场经济的运行拓宽了理论基础，为转型经济中的体制设计和政策选择提供了具有启发性的思路，也同样为执行《规定》，落实好基层国有企业负责人经济责任审计开拓出新的视角。

国有企业审计部门在开展下级国有企业负责人经济责任业务时，双方的信息不对称始终是制约和决定审计质量和审计效果的关键因互。审计与被审计双方为了各自代表的经济利益进行博弈，而这种博弈本身是以信息不对称为前提的。

在基层国有企业负责人经济责任审计活动中审计与被审计双方的博弈，就是要考虑博弈参与人的预测行为和实际行为，并研究各自的优化策略。是在一定的审计资源及环境条件下，在一定的规则约束下，依靠所掌握的信息，选择具体的审计行为或策略并加以实施，从而更好地维护委托人的权利，客观评价受托人的履职情况，促进企业提高管理水平和经营效益。

可以说，博弈活动贯穿了经济责任审计的全过程，审计的过程就是博弈的过程。但围绕打破信息不对称而实施的博弈参与人分析与对策、风险导向审计与数据挖掘、审计结果利用的行为，由于其对审计质量和效果的重大影响，需要重点剖析。

二、经济责任审计博弈参与人分析与对策

（一）经济责任审计博弈中主要的参与人

基层国有企业负责人的经济责任审计是对其被赋予的职责、义务，亦即受托责任履行情况的一种事后认定。就审计博弈过程中，博弈活动的直接参与者主要有审计人、被审计人、举报人、继任者等。

审计人代表委托人的利益，对被审计人的履职情况进行充分了解、客观评价，查找被审计人所作出不利于委托人的败德行为，是经济责任审计博弈活动的决策者，博弈的活动规则制定者。

被审计人是前期经济行为的决策者，决定了被审计企业现在的经财务状况和经营成果，掌握企业所有的信息，支配企业的资源，但在经济责任审计的活动中，被审计人不再是博弈活动中的决策者，而是对抗者，需要接受审计人员对其前期经济活动的检查。作为对抗者，被审计人的策略是明确和一贯的，即提供有利于好的评价结果的信息，保护不利信息与败德行为被审计人侦知，得到有利的审计评价结果。

举报者是来自于被审计人（企业）的，了解部分内部秘密信息与负责人败德行为，并愿意报告这些信息的人。举报者是否参与到博弈中来，取决于以下几个要素：对被审计人的不满意程度；对企业的忠诚度；对审计人的信任程度；可能受到报复的可能性和严重性。只有很不满意被审计人，或审计人公正可信、保守秘密，被审计人知晓的可能性不大的情况下才会参与到经济责任审计的博弈中。

继任者是离任经济责任审计中，接替被审计者职位的人员。作为企业新的领导者，继任者有协助审计人厘清前任的责任，挤去接任时财务状况和经营成果中水分的内在动机。基层国有企业考核指标引导下的受托者自利心理会导致会计报表粉饰。作为企业，基层国有企业在本质上必定以赢利为最终目标，也是考核经营管理者经营业绩的依据。但企业的日常经营总有起伏，有时还可能会陷于经营或财务的危机之中，任期内短时间内扭亏为盈，或长期持续高速增长很难实现，任期届满时就更容易出现操纵报表，虚增收入，少计甚至不计成本，提前摘取经营成果，把责任留给继任者。当然，继任者也希望借助审计人把前任留下的水分挤干，从而在经济责任审计博弈中作为审计人的盟友提供支持和协助。

（二）不同参与人参与下博弈各方的策略分析

（1）在基层国有企业负责人经济责任审计中，最基本的博弈模型就是只有审计人和被审计人参与，双方的优势与劣势对比如表 1 所示：

表 1　审计人和被审计人参与的经济责任审计博弈与对策分析表

参与人	审计人	被审计人
目标	公正评价被审计人履职情况，揭示败德行为	保护既得利益，隐瞒败德行为，逃避责任追究
优势	1. 制定博弈的活动规则 2. 专业技术人员和审计技术 3. 委托人授权下的主导地位	1. 掌握被审计单位的信息 2. 控制被审计单位的资源 3. 控制被审计单位团队 4. 有充分的准备时间
劣势	1. 信息不对称 2. 审计资源有限	1. 需要遵循审计规则，配合审计人员工作 2. 违规活动留下的痕迹无法完全消除
优化策略	1. 合理安排和采用先进技术，高效利用审计资源 2. 通过多种途径获取更多的信息 3. 风险导向审计方法，识别被审计人压力所在及动机	1. 用合规的形式掩盖违规活动，增大识别的难度 2. 提供大量信息和资料，消耗审计资料 3. 暴露常规问题，掩护违规问题

在只有审计人和被审计人参与的审计博弈中，对审计人的挑战是最大的。要以有限的审计资源，在信息严重不对称，以及被审人的积极对抗下，取得足够的信息，发现被审计人的败德行为，并对其履职情况进行客观和公正的评价，需要付出更多的努力，承担较大的审计失败风险。需要审计人以风险导向审计技术合理安排，任用经验丰富的审计人员，采用先进的审计技术，通过多途径获取信息，弥补审计资源足和信息不对称带来的制约。

（2）审计人、被审计人、举报人多人参与的审计博弈分析，三者的优势、劣势对比如表 2 所示：

表 2　审计人、举报人和被审计人的博弈与对策分析表

参与人	审计		被审计人
	审计人	举报人	
目标	公正评价被审计人履职情况，揭示败德行为	揭露违规行为，维护企业利益	保护既得利益，隐瞒败德行为，逃避责任追究
优势	1. 制定博弈的活动规则 2. 专业技术人员和审计技术 3. 委托人授权下的主导地位 4. 来自于举报人的审计线索	了解被审计单位的部分违规信息，有利于打破信息不对称	1. 掌握被审计单位的信息 2. 控制被审计单位的资源 3. 控制被审计单位团队 4. 有充分的准备时间
劣势	1. 信息不对称 2. 审计资源有限	遭受打击报复的担忧	1. 需要遵循审计规则，配合审计人员工作 2. 违规活动痕迹无法完全消除 3. 举报人报告关键信息
优化策略	1. 合理安排和采用先进技术，高效利用审计资源 2. 通过多种途径获取更多的信息 3. 风险导向审计方法，识别被审计人压力所在及动机 4. 通过举报人提供的线索寻求突破	1. 考察审计人的公信度，确保审计人可信 2. 采取有效的保密措施	1. 用合规的形式掩盖败德行为，增大识别的难度 2. 提供大量信息和资料，消耗审计资料 3. 暴露常规问题，掩护败德行为 4. 控制举报人及举报范围

经济责任审计中，举报人的加入增加了审计人的筹码，有助于降低审计人与被审计人之间的信息不对称程度，同时，对被审计人的对抗策略与心理产生重大不利影响，有利于审计成功，发现被审计人重大败德行为。举报人的作用取决于其对关键信息的了解程度，准确的信息能够快速取得审计证据，形成审计结论；模糊的信息只能提供审计的线索与方向，错误的信息会导致审计资源的损失和浪费。

（3）审计人、被审计人、继任者参与的审计博弈模型，三者的优势，劣势对比如表3所示：

表3　审计人、继任者和被审计人的博弈与对策分析表

参与人	决策方		对抗方
	审计人	继任者	被审计人
目标	公正评价被审计人履职情况，揭示败德行为	夯实财务状况及经营成果基础	保护既得利益，隐瞒败德行为，逃避责任追究
优势	1. 制定博弈的活动规则 2. 专业技术人员和审计技术 3. 委托人授权下的主导地位 4. 获得继任者的支持	1. 控制被审计单位的资源 2. 从团队中获取信息的能力	1. 掌握被审计单位的信息 2. 前期有充分的准备时间
劣势	1. 信息不对称 2. 审计资源有限	与被审计人关系顾虑及妥协	1. 需要遵循审计规则，配合审计人员工作 2. 违规活动留下的痕迹无法完全消除 3. 原来的团队成员向继任者报告关键信息 4. 失去对资源和团队的控制
优化策略	1. 合理安排和采用先进技术，高效利用审计资源 2. 通过多种途径获取更多的信息 3. 风险导向审计方法，识别被审计人压力所在及动机 4. 取得继任者的支持	1. 支持审计人工作 2. 鼓励下属提供信息 3. 维护被审计单位的利益	1. 前期策略：用合规的形式掩盖违规活动，增大识别的难度 2. 运用关系和影响力

在离任审计中，继任者的加入改变了被审计单位的资源控制情况和原来的利益团体，削弱了被审计人对抗的能量。继任者的作用主要取决于其识别风险的能力、控制局面的能力及所持有的立场。

在审计人、被审计人、举报人、继任者等博弈参与人中，参与的角色越多，对审计人越有益，被审计人能够采取的对策越有限。审计人应主动争取更多参与人加入到博弈中，通过多种途径获取有用信息，减少信息不对称的不利影响；降低被审计人对被审计单位资源和团队的控制，削弱其反审计的能力。

三、审计过程中的博弈与对策

在各种博弈参与人参与的情况，实施审计的博弈过程始终处于经济责任审计的核心地位，不论在哪种情况下，都需要审计人通过实施必要的审计程序，获取充分必要的审计证据来客观公允地评价被审计人职责履行情况。

在信息不对称的前提下，如何有效地运用有限的审计资源，获取充分必要的信息是审计人在博弈中必须面对和解决的问题。有经验的审计人员可以在一定程度上解决这些问题，但有经验的审计人员本身就是一项稀缺资源，难以完全满足工作需要，因此，对一些先进技术的采用，如风险导向审计和运用计算机进行数据挖掘，就是除提高审计人员专业能力等之外的重要策略选择。

（1）以风险审计为导向的信息划分策略现代风险导向审计模式的基本思路是以审计对象的经营风险为导向，借助于“战略分析—经营环节分析—剩余风险分析”的基本思路，将审计对象会计报表重大错报的剩余风险与单位经营风险之间的关系紧密联系起来，从经营风险产生的源头发现会计报表中的重大问题。经济责任审计不仅要进行财务收支审计，而且要综合审计国有企业基层负责人所在单位经济指标、重大经济决策和重大项目的效益性以全面评价其经济责任情况。将这种风险控制模式应用于经济责任审计，则要求审计人员采用“自上而下”和“自下而上”相结合的方法，对审计对象会计报表重大错报的剩余风险进行专业判断，其最大功效在于可以大大提高审计人员发现审计对象会计报表中重大错报的能力。

在实施基层国有企业进行经济责任审计时，审计人运用风险导向审计策略，通过对被审计人的主要压力指标进行分析，将被审计人的信息分为影响审计结论的主要风险领域信息和不影响（或影响较小）审计结论的一般风险领域信息，并将主要审计资源运用在主要风险领域，可以大幅度过滤审计人所面临的不足以影响审计结论未知信息区域，降低被审计人的信息优势，同时，提高发现主要风险的能力，高效率地运用有限审计资源。

当然，在持续博弈中，被审计人会不断学习和适应审计策略，并采取对应的对策，如在日常的活动中把违规问题分散化，从关注领域转移到不被关注领域等。审计人则需要通过各种渠道持续收集相关信息，更新问题库，始终把握最新动态，站在风险管理的前沿，在与被审计人的博弈中保持主动。如表 4 所示。

表 4　风险导向审计下的博弈策略分析表

参与人	审计人	被审计人
目标	以有限审计资源客观评价被审计人履职情况，揭示败德行为	保护既得利益，隐瞒败德行为，获得好的评价结果
优势	1. 拥有专业技术及方法 2. 对企业压力及风险点的系统分析	1. 违规行为实施领域/力度的决策权 2. 对反审计技术与信息的学习
劣势	1. 关键风险定位不准风险 2. 难以发现所有隐蔽风险	1. 无法控制上级对信息的撑握 2. 难以改变全部违规的信息记录
优化策略	1. 将主要审计资源运用在主要风险领域，降低被审计人的信息优势 2. 通过各种渠道持续收集相关信息，更新问题库，始终把握最新动态	违规问题分散化，从关注领域转移到不被关注领域等

（2）利用数据挖掘技术解决信息不对称的策略。风险导向审计将有限的审计资源放在审查主要风险领域，把握重大方面的败德行为，但难以对整体数据进行详细分析，在被审计人采用分散化的策略时存在较大审计风险。而基于现代企业的信息化数据，利用计算机技术实施数据挖掘，可以对整体数据进行全面审核。

数据挖掘习惯上又称为数据库中的知识发现，由数据准备、数据挖掘、结果表达和解释三个阶段组成，可以与用户或知识库交互。在技术上可以根据它的工作过程分为数据的抽取、数据的存储和管理、数据的展现等关键技术。在被审计单位有规范和完整的系统数据基础上，通过抽取过程将数据从联机事务处理系统、外部数据源、脱机的数据存储介质中导入数据仓库，进行互连、复制、增量、转换、调度和监控等几个方面的处理，优化查询，实现各种统计分析与报告，利用数据挖掘等方法得到关于数据关系和模式的知识，发现并锁定异常的数据，揭露被审计人的败德行为。如表 5 所示。

表 5　数据挖掘技术下的审计博弈策略分析表

参与人	审计人	被审计人
目标	以先进技术对被审计单位数据进行全面审计，揭示败德行为	保护既得利益，隐瞒败德行为，获得好的评价结果
优势	1. 计算机分析，审计效率高 2. 基于全部数据进行分析	前期可以控制信息形态
劣势	1. 技术要求高 2. 被审计单位信息化程度要求高	既定信息无法变更
优化策略	1. 建立计算机数据分析专家队伍 2. 充分利用现有信息数据	1. 违规信息分散化，非关联化 2. 相关信息不进行电子化

四、审计结果利用的博弈与对策

基层国有企业负责人审计博弈中，审计人发现问题的能力与委托人对审计结果的利用，决定了被审计人在博弈中的得失，反过来对经济责任审计的质量和效果、被审计人的策略选择产生重大影响。

被审计人的得失取决于两个因素：一是其“败德行为”被发现的概率；二是“败德行为”所得到的与被发现后所失去的比较差异。当“败德行为”被审计发现的概率很大，甚至基本上只要违规就会被发现，达到委托方与受托方信息对称，随时会被制止的时候，被审计人基本上就不会再进行任何形式的“败德行为”。但当被发现的可能性很小，或基本上不会被发现时，“败德行为”就会很普遍。但事实上这两种极端情况出现的可能性都不大，更多数时候被发现的概率是介于0～100%，一切“败德行为”总是会冒较大的风险。

败德行为的所得与所失的差异，是激励被审计人为与不为的驱动因素。当行为的所得很大，而即使被发现后所失也很小，就会激励被审计人违背委托人利益，违规行使自利行为。但当所失很大，一旦被揭露在声誉、职业生涯、经济利益等各方面都会受到重大不利影响，即使发现的概率不大，被审计人也会十分谨慎，其审计结果利用的支付矩阵如表6所示。

表6　审计结果利用的支付矩阵

事项	发现的概率小	发现的概率大
发现后的支付小	（0，0.5）所失小	（0，1）所失小
发现后的支付大	（2，0.5）所失大	（2，1）所失大

注：设定状态为发现的最小支付为0，即没有支付，最大为2，即所失大于所得；发现概率最小为0.5，即50%，最大为1，即100%。

如表6所示，被审计人最易发生败德行为的情况就是被审计发现的概率小，发现后的支付小，基本上不会有什么损失；其实被审计发现的概率大，但发现后的支付小，也会激励被审计人违背委托人的利益。而即使发现的概率不大，但发现后的支付很大，被审计人就会权衡利弊得失，谨慎对待；发现的概率大，发现后的支付也很大，则被审计人基本不会出现败德行为。所以对委托人而言，对受托人败德行为的从重处罚是维护自身利益的最经济选择。

五、结论

基层国有企业负责人经济责任审计过程就是审计参与人的一个博弈过程。在信息不对称的前提下，审计人要以有限的资源客观评价被审计人的履职情况，需要充分调动举报人、继任者等其他参与人的参与，并积极地运用风险导向审计技术锁定重大风险，充分发挥有限审计资源的效能，采用数据挖掘等新技术，提高审计的覆盖面和技术水平，削弱被审计人的信息优势地位，缩小在信息占有上的差距，提高审计的质量和效率。要有效利用审计结果，加大处罚力度，让败德行为人所失大于所得，维护委托人的利益。

参考文献：

[1] 葛新权，王国成. 博弈实验进展[M]. 北京：社会科学文献出版社，2008.

[2] 弗登博格，等. 博弈论[M](中译本). 北京：中国人民大学出版社，2002.

[3] 张维迎. 博弈论与信息经济学[M]. 上海：上海人民出版社，2004.

[4] 中共中央办公厅 国务院办公厅印发. 党政主要领导干部和国有企业领导人员经济责任审计规定[OL]. 2010-12-08. http: //www.chinanews.com/gn/.

[5] 新华时政. 孙宝厚解读《党政主要领导干部和国有企业领导人员经济责任审计规定》[OL]. 2010-12-14. http: //news.xinhuanet.com/politics/.

基于OPM3框架下企业组织内部审计“免疫系统”运行效率效用与效果的研究[①]

唐辉荣

遂宁市内部审计师协会

〔**摘要**〕企业为应对日益激烈的竞争环境，面向未来，面向国际，适应企业组织管理的扁平化，通过整合资源，广泛运用项目管理的技术与方法，引进项目管理成熟度模型评价机制，促使企业经单项目管理、项目群管理、投资组合管理的历练，逐步打造成“百年老店”的企业；内部审计顺应企业这一重要发展变化的要求，当务之急是：积极搭建基于OPM3框架下企业组织内部审计“免疫系统”平台，充分发挥内部审计“免疫系统”功能，为改善企业整体运营效率，提高经营效果、效用作支撑。

〔**关键词**〕项目管理成熟度　组织级　投资组合管理　内审免疫系统

一、引言

项目是追求创新的产物，项目的多寡实际上反映了企业现状及发展前景，一个企业如果没有项目，就不可能获得发展，现代社会的项目往往是和创新、发明、创造相联系的，如果企业不求上进，不努力求得发展，等待它的只能是倒闭和死亡。项目管理对企业来说非常重要；过去，有些国有企业在某一个时期经济情况非常好，但是由于没有加强项目管理，资金用度没有计划，在进行投资项目之前没有经过充分的论证，最终导致项目失败。随着社会经济的发展，企业间的竞争日益加剧，企业新产品开发，市场营销，技术创新，产品产业化升级及生产线更新，使得企业原来适合于稳定的生产和业务活动流程的传统管理模式受到了极大挑战，企业运用项目管理科学方法，处理组织战略管理变化，在无情的市场竞争中求生存谋发展，不

---

① 此论文曾获四川省审计厅、四川省审计学会、四川省内部审计协会2008至2009年优秀论文一等奖。

断提高企业级项目管理应用水平，提升企业的核心竞争力，应对世界经济全球化和加入世贸组织所带来的各种挑战。所以，无论企业经济效益好坏，企业规模大小，都需要加强项目管理，如果没有项目，必须设法去找项目，必须通过创新思维，通过不断地市场需求分析、市场开发来发现新的项目。对于目前的项目，就要把它管理好，使每个项目都走向成功，这是使企业获得持续发展的必要途径。项目管理好坏，要有一个科学的评价机制，项目管理成熟度（Project Management Maturity Model，OPM3）是评估企业项目管理优劣最适宜的标准。因此，重视项目管理与内部监控评价，强化内部审计功能，为企业实施好项目管理是企业组织走向成功的必由之路。审计署刘家义审计长曾指出：内部审计不仅仅是现实资产的保护者，财务账表的复核者，会计核算的勾稽者，更是强化管理的促进者，提高效能的推动者，价值增值的倡导者。现代内部审计从本质上讲是部门单位、企业事业组织的“免疫系统”，根本目的是提供组织自身的“免疫力”，保证其安全健康，促进其可持续发展。当前，我国已进入一个新的战略发展机遇期，企业组织广泛采取先进的管理技术与方法，在现代项目管理背景下，搭建基于OPM3框架下企业内部审计“免疫系统”平台，充分发挥内部审计“免疫系统”功能，为促进经济社会健康稳定发展迫在眉睫。

二、现代企业项目管理的组织模式与内部审计的架构的选择

项目管理是最能有效地整合资源高效地实现目标的理念和技术，至今它已在全球范围内迅速的发展和应用。企业在不同的发展的历史阶段选择适应自身运行机制的项目管理组织模式至关重要。常用的企业项目组织模式有：职能型组织、弱矩阵型组织、平衡矩阵型组织、强矩阵型组织、项目型组织、复合型组织6种模式；它们都有各自的特点，如图1所示。（1）职能型组织，是企业传统的架构模式，它按企业专业划分，各类人员有明确的上级，受部门制约，具体工作处理中遇到不能解决的问题报告上级，任务下达由上而下，信息反馈自下而上，横向交流较少，项目协作主要在职能部门之间，在多项目下，项目管理效率低，权限下移，问题在下面解决。（2）弱矩阵型组织，是传统架构的变种，其特点，企业仍按专业划分，上级不明确，受部门制约，项目的协作在下面，项目协调员既不是项目经理，又要能发挥作用，除非担任项目协调员的应具备“在本专业有非常突出的贡献，且有非凡的魅力等”，解决项目管理中的小问题。（3）平衡矩阵型组织，是传统架构的改良，它的职能部门既按专业划分，设项目经理进行项目协作，造成参与项目工作的人员既要受部门经理的制约，又受项目经理的管理制约，造成上级不明确，这种模式可以解决定夺日常问题；项目参与人员工作效率受项目经理和部门经理双重制约扯皮

的影响。（4）强矩阵型组织，职能部门是为项目服务的，专设项目部，配置项目部经理或项目总监管理多个项目经理，他的能力、职权、职责等高于其他职能部门经理；特点是，按专业和项目管理划分；参与项目人员既受部门经理制约，又受项目经理的制约，上级不明确是最大的弊端；项目经理可以独立不受职能部门经理制约，确定授权处理问题职责；若参与项目的人员无所适从情况下，可以用职能部门、项目经理对其不同打分方式进行考核的机制，由项目参与人在部门经理和项目经理有矛盾冲突情况下自己权衡利弊，作出选择。（5）项目型组织，不设职能部门，只按项目性质不同设置不同的项目部，配置多个项目经理，每个项目经理管理项目参与者。特点，按项目划分，有明确的上级，项目设部门，问题报项目部经理，这种模式适合管理水平较低的企业；最大的缺点，资源不共享，忙闲不均，致命的弱点，全公司能力下降，横向不沟通，摸着石头过河，不同项目部门会被“同一石头绊倒”。（6）复合型组织，既有职能部门，又有项目部经理或项目总监，管理多个项目经理，项目协作既有横向的“项目 A 协作”，又有纵向的“项目 B 协作”，架构与强矩阵型相似，但重在对多项目协调纵横监控，应对多项目战略相机决策协同管理。如图 2 所示。我市的四川沱牌、美丰工业园，属于科技含量高，技术成分复杂，有效启动了利益关系者级资源集成的“设计—管理—（DM）。模式（见图 1），最易随时优化集成集源，实现设计意图。在长产业链、多产品线方面，发展初期以强矩阵型组织模式，在项目成长与成熟过渡期间采取平衡矩阵型模式，快速形成项目资源集成机制，内部审计在项目部计算项目工期时差，考量工程实施中的挣值与预算执行率，预测未来的基础上，采用 OPM3 技术修改完善最优路径，向决者提出即时跟进措施；提高了项目组合管理运行效率，收到了最明显的经济效果。

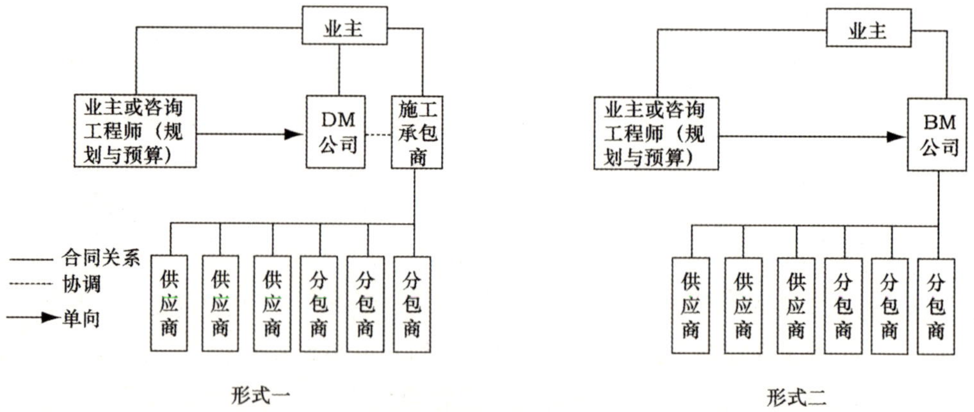

图 1　设计—管理（DM）模式的两种实现形式

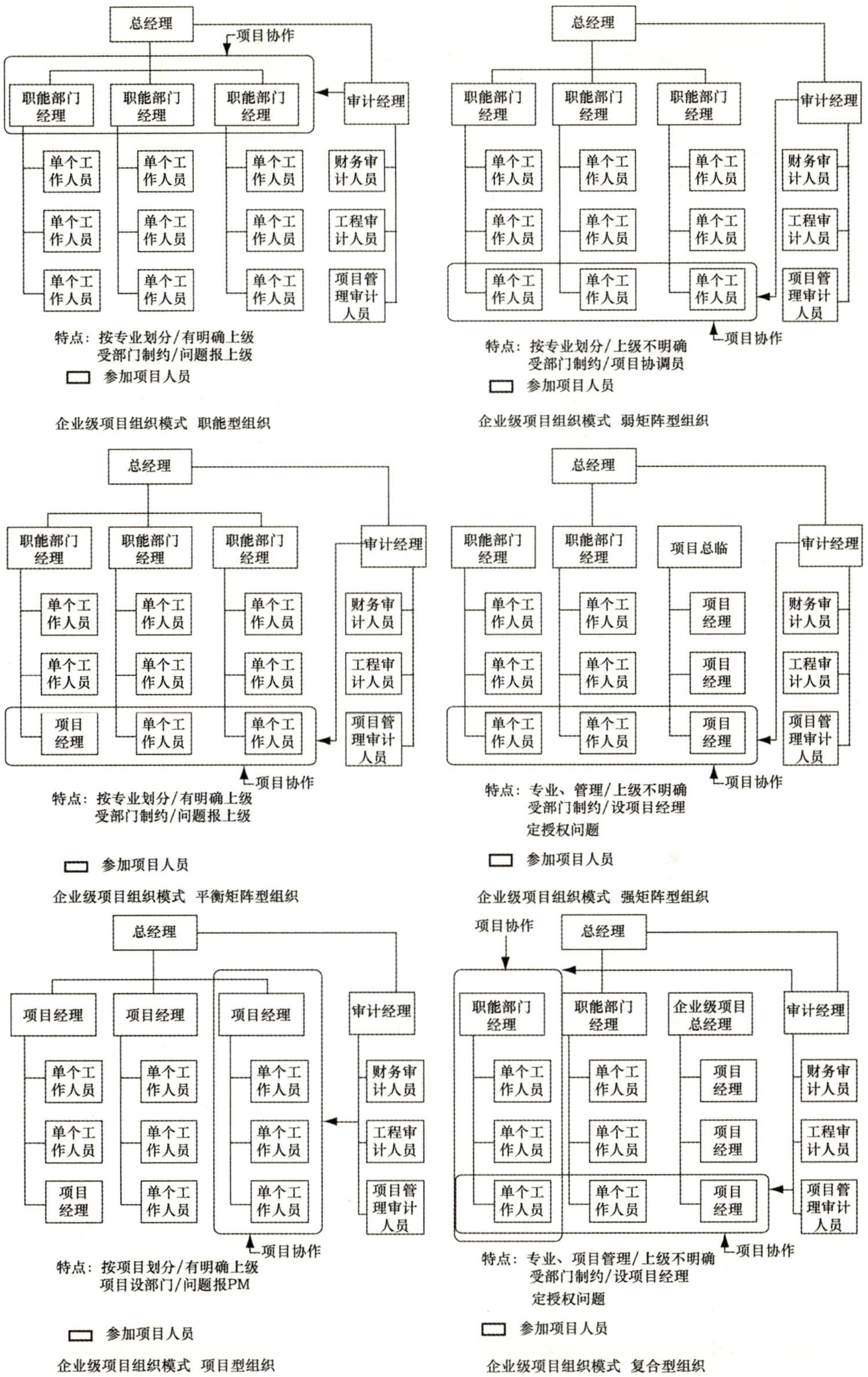
总经理
项目协作
职能部门经理
审计经理
单个工作人员
财务审计人员
工程审计人员
项目管理审计人员
特点：按专业划分/有明确上级
受部门制约/问题报上级
参加项目人员
企业级项目组织模式 职能型组织
特点：按专业划分/上级不明确
受部门制约/项目协调员
企业级项目组织模式 弱矩阵型组织
项目经理
企业级项目组织模式 平衡矩阵型组织
项目总临
特点：专业、管理/上级不明确
受部门制约/设项目经理
定授权问题
企业级项目组织模式 强矩阵型组织
特点：按项目划分/有明确上级
项目设部门/问题报PM
企业级项目组织模式 项目型组织
企业级项目总经理
特点：专业、项目管理/上级不明确
受部门制约/设项目经理
定授权问题
企业级项目组织模式 复合型组织

图 2

三、OPM3框架下内部审计“免疫系统”平台的构建

随着越来越多的企业，将项目管理应用到企业运营中，有关评估企业应用项目管理水平高低的成熟度模型备受关注，成为各界人士关注的热门话题。为适应这一需要，内部审计机构基于OPM3框架，有机地镶嵌在企业组织内部，形式与之相适应的“免疫系统”，充分发挥它的监督、检查、评价经济运行的“免疫系统”功能，改善企业整体运营效率，提高经营效用、效果。

（一）项目管理成熟度模型的框架与审计“免疫系统”平台

项目管理成熟度表达的是一个企业具有的按照预定目标和条件成功地、可靠地实施项目管理过程的能力或成熟度。项目管理成熟度模型作为一种全新的理念，为企业项目管理水平的提高提供了一个评估与改进的框架。它把企业项目管理水平从混乱到规范再到优化的进化过程分成有序的五个等级（见图3），形成一个逐步升级的平台。其中每个等级的项目管理水平将作为达到下一更高等级的基础，企业项目管理成熟度不断升级的过程也就是其项目管理水平逐步积累的过程。借助它企业可以快速完成资源整合，找出企业管理中存在的缺陷并识别出薄弱环节，同时通过解决对管理水平改进至关重要的几个问题，形成对其的改进策略，在此基础上，构建内部审计“免疫系统”平台，发挥其监测、评价、提出审计建议，以预警和预防企业经营管理风险，通过内控制度改进完善，实时控制，从而稳步改善企业的项目管理水平和能力，提升企业的核心竞争力，使其在市场经济浪潮中立于不败之地。

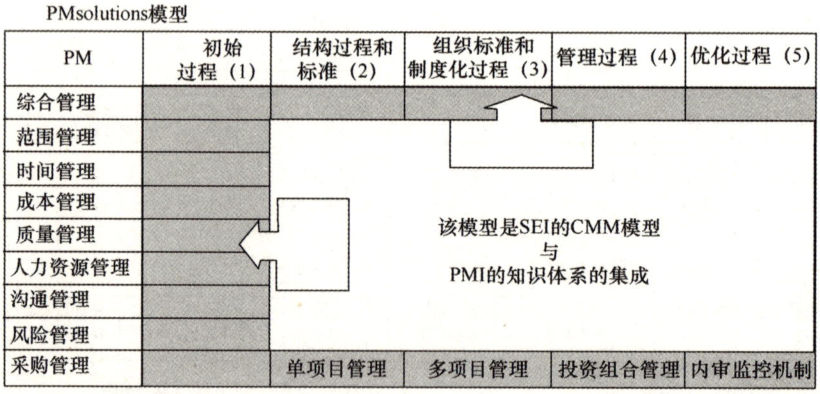

图3

从20世纪90年代开始，全世界就掀起一股研究项目管理成熟度的热潮，专家认定：OPM3将作为项目管理业界内的ISO9000的升级标准，会在较长时间内对项

目管理的研究、培训、推广应用等产生重要影响。目前成熟度模型总数超过了30种，著名项目管理专家Harold Kerzner博士提出的项目管理成熟度模型K-FMMM和FM solution提出的项目管理成熟度模型FMS-PMMM等最为有名。美国项目管理学会PMI从组织级项目管理的层面提出的项目管理成熟度模型OPM3，是从1998年开始启动OPM3计划，并期望作为标准模型投入市场竞争。John Schlichter担任OPM3计划的主管，并在全球招募了来自包括中国在内的35个不同国家、不同行业的800余位专业人员参与。经过五年的努力，OPM3终于在2003年12月问世，掀起继CMM震撼后的另一股企业开始追求建立“组织全面性项目管理能力”的风潮。PMI对OPM3的定义：既是评估组织通过管理单个项目和项目组合来实施自己战略目标的能力与方法，也是帮助组织提高市场竞争力的方法。OPM3的目标是“帮助组织通过开发其能力，成功地、可靠地、按计划地选择并交付项目而实现其战略”。OPM3为使用者提供了丰富的知识和自我评估的标准，用以确定组织当前的状态，并制定相应的改进计划。OPM3的要素包括：最佳实践、能力、成果、关键性能指标KPI。OPM3模型是一个三维模型，第一维是项目管理的3个层次（项目投资组合管理、组合项目管理、项目管理）；第二维是项目管理的九大知识领域（见PMsolutions模型）和五个基本过程（初始、标准、测度、控制、持续改善其框架），如图3所示。第三维是项目发展周期（初始化、计划、实施、控制、收尾）。组织项目管理过程标准化的可控的可测量的持续提高的项目投资组合管理项目组合管理。

我国企业集团的内审机构在资源丰富且可以集成的前提下，可依据Kerzner博士提出的项目成熟度模型（K-PMMM）从企业的项目管理、战略规划角度入手，像CMM一样分为5个层次，如图4所示。（5）持续改进过程；（4）可预测过程（或基准比较）；（3）标准化过程（或单一方法）；（2）训练过程（或通用过程）；（1）混乱的初始过程（或通用术语）。该模型的应用采用了与众不同的问卷调查方法；分不同层次给出若干客观自我评估题。针对第一层次，有80道类似PMP考试的选择题；第二层次有20道评分题；第三层次有42道选择题；第四层次有24道评分题；第五层次有16道评分题。通过这些问题的回答，可以分析、整理、判断出企业项目管理中存在的问题，为改善和提高企业的项目管理水平提供了依据。Kerner博士还重新诠释了项目成功的定义：不仅要实现项目时间、费用和性能三大目标并让客户满意，还要使项目的进展具有最少的或者双方同意的范围变更、没有干扰组织的企业文化或者价值观以及工作进程等。这一变化，主要源于越来越多的企业开始由原来的面向职能、过程的管理转变为面向对象（即项目）的管理。因此，企业战略规划中项目管理这一环就越发重要。企业项目管理能力的成熟与否直接影响到企业的战略目标的实现。

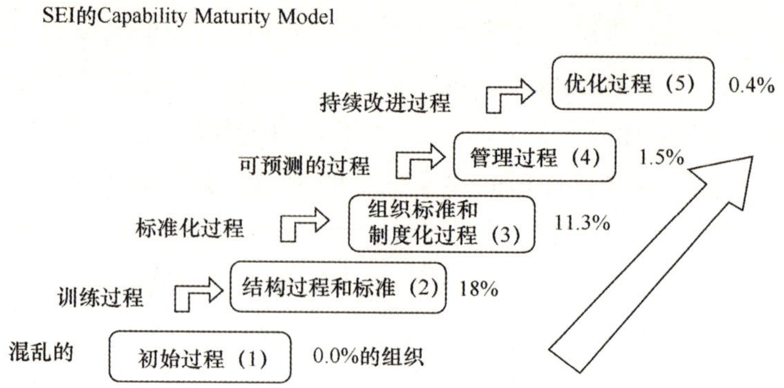

图 4

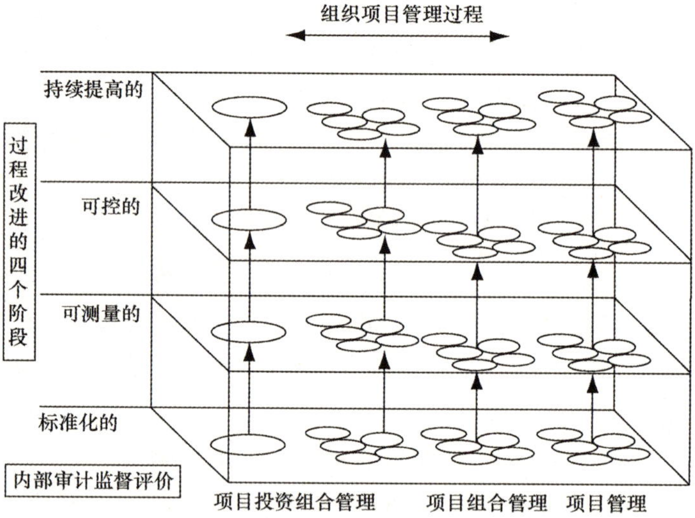

图 5　OPM3 模型的基本构成要素

（二）项目管理成熟度模型运行机理

综上所述，国外的各种项目管理成熟度模型大多只是参考的五级体系及其内容结构，并没有和定量的项目管理成熟度评价指标体系结合起来，或者有的模型在指标体系的设计上需要进一步的修改和完善。因此如何构建一套符合我国国情的企业项目管理审计评价指标体系，从而建立适合我国企业运用的项目管理成熟度模型有很高的理论和现实意义。

1．项目管理成熟度模型的成熟度等级的划分原理

成熟度等级划分的原理即为各等级制定不同的成熟度，然后按照各等级的不同成熟度去制定具体的内容。而项目管理过程能力的提高主要有两种途经，即实现可持续的和量化管理。如图 6 所示，OPM3 等级的划分主要基于上述两种途经在二维空间的扩展。

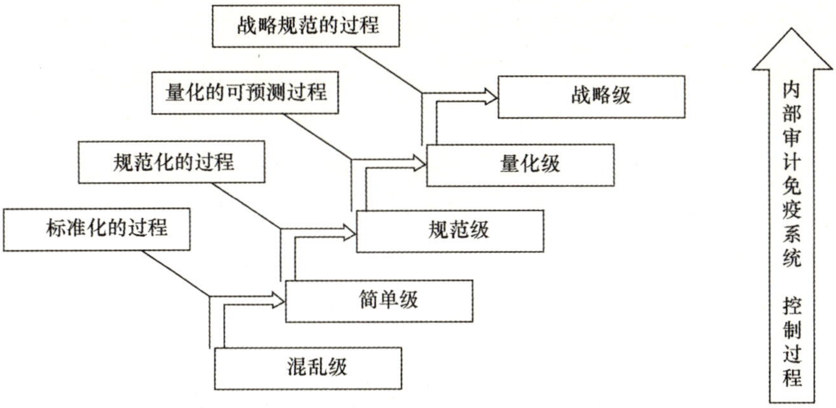

图 6　项目管理的五级成熟度模型

在项目管理的三个方面当中，过程控制是可持续改进的基础，可持续过程改进的最终目的还是为了更好地对过程进行有效的控制，而战略规划则在更高的高度上对企业的所有项目管理过程进行战略高度的规划。但这三方面均是以了解项目管理过程的活动和产品为基础，以确保遵循制定的规范，产品满足过程定义的标准，并通过测量工作量、成本、产品质量来引导控制和改进策略，再根据测量结果进一步判断项目管理过程控制和改进的成效。过程控制过程持续改进战略规划：等级 1 混乱级；等级 2 简单级；等级 3 规范级；等级 4 量化级；等级 5 战略级定量定性。在等级 1 中，OPM3 并没有过程控制、可持续过程改进以及等量管理方面的要求。它的衡量标准是相对于第二级而言的，即所有达不到第二级要求的企业均处于第一等级。在等级 2 中，OPM3 要求建立基本的项目管理制度，以便能够对项目管理过程进行有效的控制。此等级对等量管理提出了一定的要求，要求测量工作与活动的状态，以便让项目管理人员了解过程的状态，并确保遵循过程规范。在等级 3 中，OPM3 表现为标准的一致化过程，在此等级中要求进行可持续过程改进，随着过程控制要求的提高和可持续的过程改进的引入，相应的定量管理方面的要求也要比等级 2 高。在等级 3 中，OPM3 表现为标准的一致化过程，在此等级中要求进行可持续过程改进，随着过程控制要求的提高和可持续的过程改进的引入，相应的定量管理方面的要求也要比等级 2 高。在等级 3 中，OPM3 表现为标准的一致化过程，在此等级中要求进行可持续过程改进，随着过程控制要求的提高和可持续的过程改进的引入，相应的定量管理方面的要求也要比等级 2 高。等级 4 要求主要体现在定量管理方面，表现在要求定量的过程管理和定量的。等级 5 表现为项目的战略规划的过程，表现在企业项目化水平的提高和对企业内项目的战略规划能力。

2．项目管理成熟度模型的五个等级运行及其审计过程控制

项目管理成熟度等级是指企业或组织的项目管理水平在走向成熟的过程中几

个具有明确定义的表征项目管理过程能力成熟度的。因此在基于项目管理的基础上把企业的项目管理水平从混乱到规范再到优化的进化过程分成有序的五个等级，形成一个逐步升级的平台。其中每一个等级都是更高一级的基础，企业的项目管理水平不断提高的过程也是其项目管理水平逐步积累的过程；通过内部审计自身力量或聘用外部项目管理专家进行即时的检查评价，不断完善企业项目过程控制，以逐步优化提升整体运行效率效用和效果。在此基础上，企业内部审计通过检查评价与实时监控，借助项目管理成熟度标准识别出企业项目管理的薄弱环节，并通过解决对项目管理水平改进至关重要的几个问题，来形成对其项目管理改进策略；并通过关注认真实施一些关键的实践性活动，使企业项目管理能力持续增长（见图 7）。

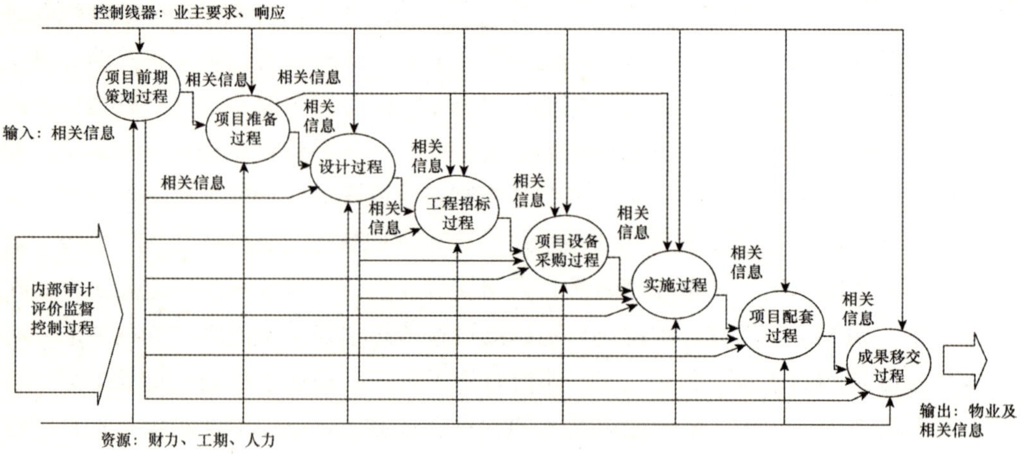

图 7　整个项目过程控制模型

3．不同项目管理成熟度等级的特征（见表 1）

表 1　项目管理各成熟度等级的特征

等级		管理差异	特征	要解决的主要问题
5	战略级	战略级	• 企业项目管理 • 规划了项目管理战略	• 保持优化
4	量化级	量化管理	• 项目管理过程得到了量化的理解和控制	• 项目战略管理 • 问题分析与预测
3	规范级	规范化过程管理	• 定义了项目管理过程，并形成制度 • 项目管理过程得到了很好的理解并在项目实践中得到了理解	• 过程测量 • 过程分析 • 量化分析

续表

	等级	管理差异	特征	要解决的主要问题
2	简单级	标准化管理	• 项目管理受到重视 • 以往成功的经验可以重复 • 过程可能依赖个人	• 培训、测试和评审 • 规范项目管理过程
1	混乱级	不统一的管理	• 过程不规范 • 个别的过程混乱、不可预测	• 项目无规范标准

4. OPM3框架下内部审计“免疫系统”平台的构建

我们知道，项目管理成熟度模型导出的改进策略，将对企业改进其项目管理水平提供一个路标，为企业提升项目管理水平提供了一个方向。因此，构建项目管理成熟度框架下内审“免疫系统”平台，能为企业项目管理水平不断改进的历程提供一份引导图。它可以帮助企业找出在企业组织级、投资组合级的项目管理中存在的缺陷，引导企业在自己项目管理水平的等级上“做出最适宜、最优化的”改进。这也是在企业内运用项目管理成熟度内部审计“免疫系统”平台的原因所在。

当前形势下，日益加剧的市场竞争压力和科技变革迫使企业将项目管理作为传统管理内容中新的管理模式。项目管理成熟度模型适用于项目开发主导型企业，最有利解决瞬息万变的市场环境所产生的高度不确定性，它将企业的各种任务按项目进行管理，不但对传统的项目任务实行项目管理，而且还将一些传统的运作型业务当作项目对待而实行项目管理。在OPM3框架下构建的内部审计平台，对企业实施的项目管理进行科学的评价，可以三种不同的评估模式：

（1）企业依靠自身的审计力量来进行项目管理成熟度的评估。这种情况主要适用于较大的项目主导型企业，这种企业的实力比较雄厚，完全有能力开展项目管理成熟度的评估工作。

（2）企业结合外部力量进行项目管理成熟度的审计评估。这种情况主要适用于中型企业，这种企业由于自身实力不够，需要借助外部力量才能够进行成熟度的评估，这里的外部力量指的是专业的项目管理咨询公司或项目管理专家，这是大多数企业采用的一种方式，这种方式的优点可以把外来优势和自身优势结合起来，从而得出的评估结论比较客观。

（3）完全依靠外界力量进行项目管理成熟度模型的审计评估。这是比较小的企业采用的评估策略。

此外，还可以像IPMP四级体系一样，在我国引入企业项目管理成熟度OPM3的等级认证体系，企业作为一个整体来进行审计认证考核，从而确定自己属于哪一等级，通过审计认证来找出不足并制定相应的对策。

（1）项目管理成熟度模型与内部审计 OPM3 的评估程序。

1）建立内部审计为主的 OPM3 评估小组。评估组的选择要考虑评估组作为一个整体以及每一个评估员的知识、技能和能力。评估组作为一个整体必须由一位充分授权的评估组组长领导，评估员一般从组织内部或从咨询公司聘请有经验的项目管理专家构成，组员必须熟悉项目管理过程以及和 OPM3 相关的事宜，并接受一定时间的评估。注意，因诸多理由评估组的规模建议由 8 人组成（不少于 4 人，不多于 10 人），其中至少 1 名评估员来自被评估的组织。

2）策划和准备评估。审计评估前的活动有：标示评估范围；制订评估计划；筹建并培训评估组；准备问卷；初审文档。

3）实施 OPM3 评估。①审计访谈。它的目的是收集有关项目管理策划成熟度方面的信息。访谈的对象一般包括：最高管理者、项目负责人及项目成员。②审计填写成熟度问卷。从访谈对象中选择一些代表性人物独立地填写成熟度问卷。③审计成熟度打分。评估组成员就调查的情况给该组织的项目管理成熟度进行打分，填写成熟度评分表时也要遵循与不干涉的原则独立完成，并由审计组组长监督进行。④审计收集信息。评估组成员收集整理成熟度问卷以及成熟度评分表。⑤审计整理信息。

4）出具内部审计评估报告反映结果。由内部审计组长向被评估的企业递交一份评估报告，报告中应包括：评估收集的数据；该组织的成熟度等级；各成熟度等级 KPA 满足情况；各项目管理过程能力指数；组织在项目管理中的优势与弱势；项目管理需要改进的方面。

（2）项目管理成熟度内部审计改进过程的 IDEAL 模型。

企业组织的项目管理成熟度的提高不是一蹴而就的，它是个循序渐进的过程，需要不断地评估与改进。企业的资金和人才只能得到短期发展，流程和制度可实现长久和安全的发展，这是世界“百年老店”经久不衰的真谛。一种全面完整的方法 IDEAL 模型被提出来了。IDEAL 是 SEI 开发和总结出来的，IDEAL 是个组合字，分别由 Initiating（启动）、Diagnosing（诊断）、Establishing（建立）、Acting （行动）和 Learning（提高）五个单词的首字母组成。这五个单词分别代表了项目管理过程改进的五个阶段，如图 8 所示。

IDEAL 是一个首尾相接的循环过程，它反映了 OPM3 分级进阶不断提升的思想。按照这个过程不断地循环实施就可以在每个循环周期里对项目管理的规范化与科学化进行不同程度的改进，从而实现企业或组织的项目管理过程的不断优化，通过内部审计跟踪检查评价与控制，提升企业的执行力，使项目管理成熟度级别的不断升级。

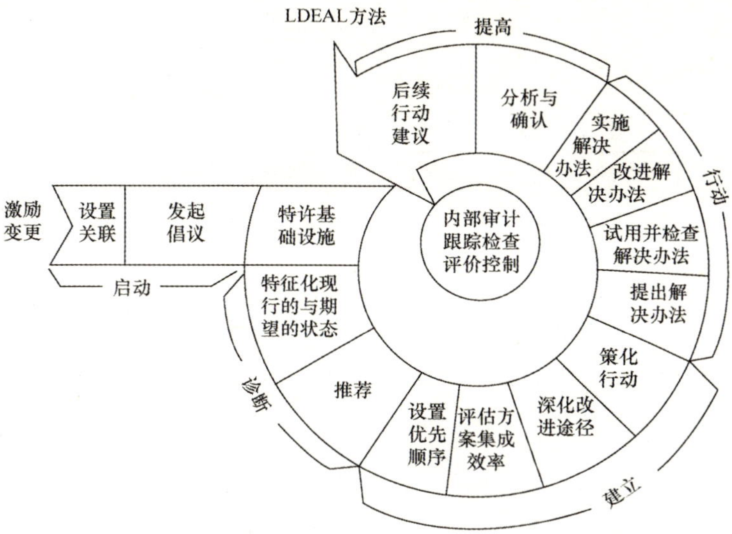

图8 项目管理成熟度内部审计改进过程的IDEAL模型

四、内部审计"免疫系统"运行效率、效用与效果分析

内部审计是镶嵌在组织机体内部的"免疫系统"，其运行的效率、效用和效果，与企业架构及管理水平息息相关；我国企业传统的组织形式是以纵向的能力架构为主，运作以层级能力为依托，层级越多，运行时间越长，效率越低。而项目管理的形式则是以横向渗透的目标架构为核心，工作重心永远维护目标管理控制，它的效率、成本和效用及项目干系人的满意度贯穿始终。它打破了传统的能力架构，以项目为载体，委任项目经理，获得特许授权，从企业各职能部门选聘合格适宜的参与人员，必要时也从外部聘请技术专家参与项目的全程工作，自始至终以项目（或多产品系列的开发生产销售）计划的进度、预算成本、技术、安全、质量控制（项目干系人满意度）——持久拥有满意的顾客为最终目标。它是最能体现系统运行的效率、效用和效果特点。而企业基于项目管理成熟度框架构建内部审计"免疫系统"平台，是新时期内部审计最先进的运行模式与目标选择，从企业项目组织的六种模式和OPM3框架下内部审计"免疫系统"平台分析不难看出，现代企业的内部审计模式打破了传统的账户基础审计、制度基础审计、风险导向型审计单一模式；它站在企业现代化管理的目标前沿，从根本上解决企业监事会有权力、无能力、无精力进行即时监控的问题，设立审计委会，受企业最高权力当局管理，向董事会或企业CEO报告工作，解决从前内审有能力有精力无职权的问题，赋予一定的权力、职责，增强内部审计的协调处置与资源集成的能力；同时配置财务审计专家、工程造价审计专家以及项目管理专家组成的高效率的运作团队。如图9所示。

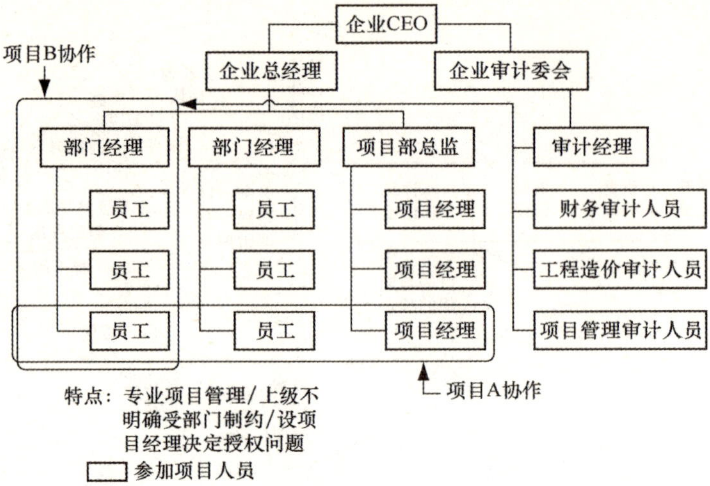

图 9　复合型组织模式的审计监督控制架构

从项目的立项、开发、实施、收尾各阶段自始至终参与，即时跟进监控，大大提升了企业目标任务的执行力，即通过开展检查、测评、诊断、价值分析，揭露计划工期、预算成本、质量控制、管理及安全风险中的弊端，针对目标任务，如熟练使用《网络计划技术》中的①工期固定、资源均衡化技术；②资源有限、工期最短优化技术；③工期—费用优化技术；④采用横道图评估项目进度。系统的价值工程分析：①当项目功能既定条件，采用先进工艺的技术，改进流程，压缩关键路径，或使用新材料，降低物耗成本节约费用；②当成本保持或成本略升情况下，改变外观设计、优化用户使用功能，增加人性化设计功效等，使产品的用户接受价值高于成本提升价值，提高产品的价值功能等方法，提出行之有效的改进方案与措施，为企业最高决策当局提供科学的决策支持；并且为企业形成宝贵的项目管理（特别是经验与教训）的过程资产；这一系列的审计监控过程，无一不是内部审计“免疫系统”运行的效率、效用和效果的最佳体现（见图 10）。

因此，未来企业内部审计，为应对我国企业已加入 WTO 的国际竞争压力，不得不顺应未来企业组织模式的重大变化趋势：企业之间由紧密结合型向松散结合型转变，内部审计资源利用从内部转向外部选择；政府、市场和企业之间由信息不对称走向信息共享和信息分配，带动“大网络”的形成，促成内部审计“网络”共享；企业由资源内部优化配置趋势、向广泛的资源内部审计目标转向内外资源集成；企业组织之间由静态合作走向动态合作，要求内部审计机构人员应建立学习型监控手段和方法；传统企业的刚性边界逐渐淡化，要求内部审计的视野更宽更远。因此内部审计尝试项目监控的系统工程、自动控制、价值工程分析、里程碑计划管理等先进的技术与方法，以提高其“免疫系统”的运行效率，提升审计成果利用效用、效果则是内部审计的最优选择。

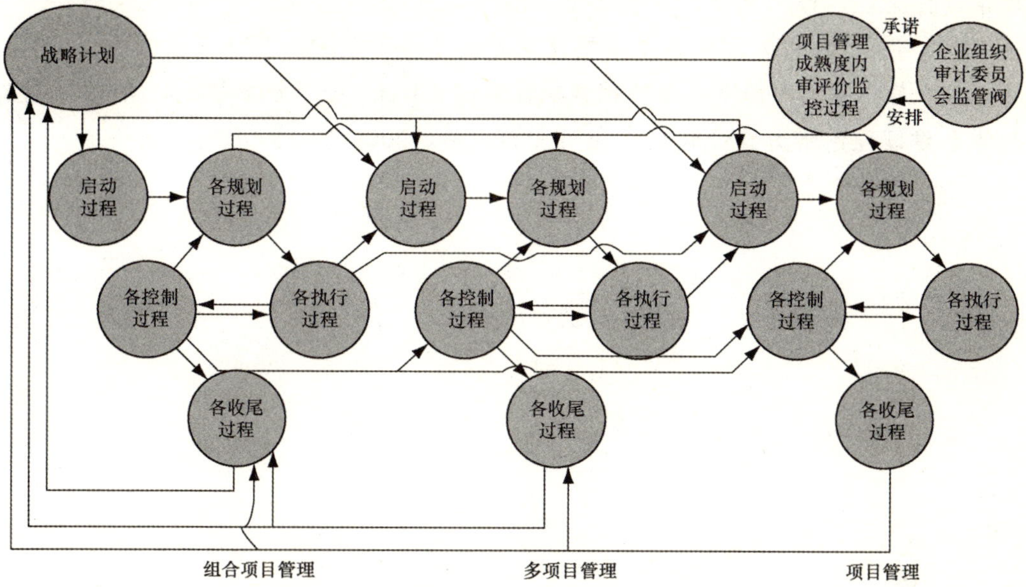

图 10 Integration PPP Processes

五、结束语

随着我国越来越多的企业由常规的管理模式向项目型管理模式的转变，用项目管理的理念、方法、技术来管理企业已是不可逆转的潮流。与此密切相关的便是企业应用项目管理成熟度模型进行评估与改进，但目前的各种 OPM3 都是国外有关企业或组织提出的，完全照搬并不一定适合我国的国情。因此，借鉴国外成熟度模型的思想，结合我国企业的实际情况来应用 OPM3 这一工具，才是提高企业项目管理水平较好的方式。而企业内部审计借助这一框架，构建适应企业自身特点和项目管理不同阶段的内部审计“免疫系统”平台，充分发挥免疫功能，不断完善企业的科学流程和制度建设这一过程资产，为打造长久稳定的“百年老店”作出应有的贡献。

参考文献：

[1] 阳波，强茂山. 多项目水电开发项目组织模式变革探索[J]. 水力发电，2006（9）.

[2]五百井俊宏，李忠富. 项目管理策划能够熟度（PMMM）研究与应用[J]. 建筑管理现代化，2004（2）.

[3][美]哈罗德 ·客兹纳. 项目管理的战略规划: 项目管理成熟度的应用[M]. 张增华，吕义怀，译. 北京：电子工业出版社，2002.

[4] 李欣. 项目管理成熟度模型及其评估方法研究[D]. 西北工业大学，2004.

[5] 易仁苹. 内部审计与内部控制体系建设[A]. 在“全国内部审计与内部控制体系建设理论研讨暨经验交流会”上的讲话，2009-10-15.

内审转型与发展基层央行经济责任审计

柏　宏

中国人民银行常德市中心支行

〔**摘要**〕2010 年 10 月，中办、国办正式颁布实施《党政主要领导干部和国有企业领导人员经济责任审计规定》(2010 年)，基层央行该如何完善和发展领导干部经济责任审计，通过促进领导干部履职，进一步提高基层央行运转效率。本文就此进行了一些探讨，目的在于从实务运用角度寻求一条科学的、协调的、可持续的基层央行领导干部经济责任审计之路。

〔**关键词**〕中央银行　经济责任审计　思考

经济责任[①]指领导干部在任职期间因其所任职务，依法对本地区、本部门（系统）、本单位的财政收支、财务收支以及有关经济活动应当履行的职责、义务。经济责任审计就是对上述内容的审计。2011 年，人民银行内审进入全面转型时期，人民银行常德市中心支行领会转型精神、思考转型工作，对领导干部离任和履职审计现状进行了深入研究，剖析了发展基层央行经济责任审计的必要性，并相应提出了建议和对策。

一、发展基层央行经济责任审计的必要性

（一）从基层央行领导干部审计史来看，具备发展的充足条件

国家经济责任审计工作始于 1983 年，截至目前，经历了国有企业领导人员离任审计、承包经营责任审计、领导干部任期经济责任审计三个阶段的发展和演变。从对国有企业领导人员进行经济责任离任审计到对领导干部任中、离任进行经济责任审计，至今已有 20 多年历史。沿着国家经济责任审计发展的足迹，人民银行离任和履职审计起始于 1999 年，总行先后印发了《中国人民银行领导干部离任审计制度》、《中国人民银行领导干部履行职责审计办法》。不仅将审计对象锁定为领导干部，而且将审计时间锁定为任中和离任时，覆盖了领导干部任职期间。在审计内

① 摘自《党政主要领导干部和国有企业领导人员经济责任审计规定》（2010 年）。

容上，离任和履职审计主要对领导干部任职期间履职情况进行审计，与经济责任审计不谋而合。从审计对象、审计品种到审计内容，离任和履职审计都具备了向经济责任审计发展的充足条件。

（二）从经济责任审计受重视程度来看，具备发展的现实基础

2006 年，中组部出台了《体现科学发展观要求的地方党政领导干部和领导班子综合评价试行办法》，将“上级审计部门提供的有关经济责任审计结论和评价意见”作为地方党政领导班子及其成员实绩分析的内容之一。新修订的《审计法》正式将经济责任审计工作纳入法律规范。2007 年，经济责任审计被写进党的十七大报告。2010 年，中办、国办发布《党政主要领导干部和国有企业领导人员经济责任审计规定》，指明经济责任审计的对象包括：中央和地方各级党政工作部门、事业单位等单位的正职领导或主持工作一年以上的副职领导干部等。人民银行也不例外，正职领导或主持工作一年以上的副职领导干部被自然纳入了经济责任审计的范畴，社会现实需要基层央行重视自身经济责任审计的发展。

（三）从基层央行内审转型迫切性来看，具备发展的动能支持

2011 年是人民银行内审全面转型与深化发展之年，总行制定了 2011～2013 年内审转型工作规划，明确了“以科学发展观为指导，学习、借鉴国际国内内部审计准则和先进内部审计实务经验，构建以风险为导向、以控制为主线、以治理为目标、以增值为目的的内部审计新模式，更好地服务于中央银行职责的依法、有效履行”的指导思想。2011 年也是“十二五”规划的开局之年，“十二五”金融规划部署的构建适应中国特色的银行业风险监管框架、建立健全系统性金融风险防范预警体系和处置机制、健全国有金融资产管理体制、完善地方政府金融管理体制等任务，对中央银行履职提出了更高的要求、对监督服务于内设职能部门的内审部门也提出了更高要求。总行在 2011 年内审工作会议上特别提出：要根据中办、国办 2010 年下发的《党政主要领导干部和国有企业领导人员经济责任审计规定》，按经济责任审计的内容规范离任审计，发展经济责任审计正逢其时。

二、基层央行离任和履职审计难点

10 多年来，各级行按照干部管理权限认真履行离任和履职审计职责，离任和履职审计已经成为基层央行开展最多的传统审计品种，其难点是：

（一）在审计主客体上，基层行审计主体单一、同级难监督

根据内审工作制度、离任和履职审计制度、行员管理办法等规定，中心支行离任和履职审计主体为内审部门，客体为县支行行长或主持工作的副行长、内设职能部门的主要负责人；县支行离任和履职审计的主体为专（兼）职审计人员，客体为内设职能部门的主要负责人。并且，在现行的两年为一周期的、“一刀切”式的履职审计循环制度[1]下，一是存在任务重与审计主体少的博弈。从中心支行分析，如常德市中支全辖7个县支行、16个需审计的职能部门，按两年循环审计，意味着年均11个履职审计。其中：按现有人员配备测算，年人均需完成3个以上的履职审计，按审计准备到实施测算，在不考虑后续工作的情况下，至少需11个月的时间。从县（市）支行分析，1名兼职内审人员要完成离任和履职审计，风险大、审计主体单一。常德市中支全辖共有兼职内审人员7人，其中会电脑打字的仅2人。博弈的结果就是：完成了审计任务，而质量整体偏低。二是与内审转型理念不相匹配。如风险导向审计是在风险评估的基础上制订审计计划，开展审计，假设经过风险评估，判断某支行或内设职能部门近2年都不需要审计，这就与履职审计周期频率直接发生了矛盾；此外，内部控制审计虽然是专项审计，但由于关注流程运转，审计面与履职审计相似，自然产生与转型理念的不匹配、传统和新型审计项目的博弈。

（二）在审计的范围上，离任和履职审计差异小、抓重点难

在央行，履职和离任审计被作为不同的审计种类，分别固定了审计范围（见表1）。表面看似有差异，但深究之下，实则无差，所不同的只是名称。这是因为：一是审计的范围都是制度执行、决策、内控及履行业务职责等，涉及所在行全部。二是被审计对象同为主要负责人，所在行的职能部门都属被管辖范围。现场审计时间的长短取决于审计范围，从目前审计范围来分析，很难抓住审计重点，现场时间相对较长。2011年，常德市中支对离任审计内容按照经济责任审计方向进行了规范和试验，规范的实质是现场审计前明确了被审计对象离任时需要审计的重点，结果是大大缩短了现场审计时间。但一个不争的事实是：假如履职审计按此操作，时间也可缩短，如果为体现差异不改范围，不免有刻意拉长时间之嫌，并且，非重点的内容审来何益，岂不是浪费资源？从风险管理的角度来看，内审部门只可能最大限度地辨识风险，范围再广也不能涵盖所有风险，反而加大了审计风险。

表1　分支行行长履职、离任审计范围比较表

履职审计	离任审计
传达、贯彻国家金融法律法规、方针政策和总行规章制度及上级行决定的情况。 组织和参与决策的情况。 内部控制管理情况。 财经纪律执行情况。 履行业务管理职责情况。	贯彻执行法律法规、金融方针政策和有关规章制度情况；对决策失误，造成重大经济损失或不良后果应负的责任；对本单位违规挪用信贷资金、违反财经纪律和财务管理制度等问题应负的责任；对本单位出现的重大责任事故、经济案件应负的责任；对本单位业务报表数据、文件报告及有关重大问题的报告失实、延误应负的责任。 对任人唯亲、用人失察、失控造成重大损失或不良后果应负责任。

① 即：以辖区内支行行长和内设职能部门主要负责人为审计对象，两年内完成一个轮回。

（三）在审计的方向上，评价少且以负面为主、客观公正难

保持最高程度的职业客观性是内审人员基本的职业道德规范之一。但诸多原因影响，基层央行一些做法损害了职业客观性：一是反映在报告中，离任和履职审计报告中仅用 1/3 的篇幅介绍被审计对象履职情况和审计工作开展情况，2/3 均被用来报告存在的问题、原因分析和建议。为少得罪人，内审部门只有减少履职情况，即正面评价；尽可能少地反映问题，增加原因分析和建议。二是反映在参评优秀项目中，每年选送的优秀项目以行长的审计为主，被审计对象的问题也要多于非优秀项目。后果只能是：一方面被审计对象不服气，认为成绩是主要的，但问题说得多，内审部门欠客观，易形成对立；另一方面内审报告冗长，废话多，报告给行领导不满意。

（四）在立项的程序上，离任和履职审计协力作用发挥难

审计立项程序不同是离任和履职审计最主要的差别，离任审计由人事部门向行长提出《离任审计建议书》，经行长批准后立项。履职审计则根据审计频率和任职时间等实际情况，拟订审计计划，征求人事、监察部门意见，报行领导批准后立项。一是离任审计立项受人事变动的机密性使然，大多数离任审计在领导干部离任后开展，并且实施的时间都很突然，不确定性相当高；二是履职审计立项征求相关部门意见的时间多数在年初，人事变动等难以确定；三是履职审计之后间隔多久才不需要离任审计也未确定；四是离任审计在委托上欠缺规范，如审计期间按被审计对象任职年限确定，在没有审计重点的前提下，9 年未换岗就要审 9 年。这些原因导致草率、重复等现象，不仅占用大量内审资源，也使得离任和履职审计违背了发挥各自不同职能作用的初衷。

三、发展基层央行经济责任审计的路径探讨

基层央行离任和履职审计中存在的难题亟待重视，据统计，近 3 年，常德市中支离任和履职审计均占内审项目的 50%以上。整合离任和履职审计品种，发展经济责任审计是当前内审转型的顺势作为。

（一）以整合为前提，建立完善中央银行经济责任审计法规体系

1．整合《中国人民银行领导干部离任审计制度》（1999 年）、《关于领导干部离任审计若干问题的指导意见》（2004 年）和《中国人民银行领导干部履行职责审计办法（试行）》（2005 年），建立《中国人民银行领导干部经济责任审计规定》。包括：明确经济责任审计定义、对象，分支机构审计权限，审计计划的制订和立项，审计内容和审计程序，审计评价和结果运用等。在与相关部门共同协商基础上，参考内审准则和相关法规，形成适应新时期央行履职发展需要的领导干部经济责任审

计强制性规范。

2．制定《中国人民银行内审工作实施细则》（以下简称《实施细则》）。在《中国人民银行内审工作制度》的基础上，根据国内外审计准则及国家相关审计法规，结合内审全面转型需要，做出具体的制度解释。包括：一是具体解释内审人员职业道德规范要求，如“岗位资格和后续教育制度”、“相适应的专业知识和业务能力”的解释等，通过后续教育保持职业胜任能力以适应转型需要是当务之急。二是通过制定《实施细则》进一步界定工作职责范围，如，“对……内部控制和风险管理的情况进行审计监督”等设定范围太大、可操作性不强。应明确内审部门在内部控制和风险管理中所处的地位和应发挥的作用。同时将内审项目与工作职责结合考虑，如，“对……执行法律、法规和规章制度的情况进行经济责任审计”等增强操作的指导性。

（二）以风险为导向，制定科学的经济责任审计周期循环制度

1．完善周期循环审计制度。授权地市以上中支，以风险为导向，对被审计单位进行风险评估，并根据评估情况，设定区别对待的经济责任审计周期循环频率，同时报上级行备案。同时，建立定期风险评估、向行领导报告以及向上级行备案规定，及时监控风险、调整周期循环频率。

2．增加经济责任审计主体。将需要参与完成内审任务的人员强制纳入同级审计主体。具体说，就是离任时的经济责任审计由内审人员、被审计的内设职能部门继任负责人共同承担；任期内经济责任审计由内审人员、被审计的内设职能部门前任负责人共同承担。从客观上解决基层央行内审人员不足或不胜任的问题。

（三）以经济责任为主线，规范经济责任审计范围和审计方案

1．规范经济责任审计范围。基层央行属于行政管理类事业单位，经济责任审计范围应突出领导干部应履行的经济管理职责和责任。即：领导干部行使经济决策权的情况；行使经济管理和监督权的情况；行使经济执行权的情况；履行廉政职责情况。

2．根据范围明确具体内容。建立经济责任审计方案并明确实施的具体内容为：

（1）重大经济事项决策情况。包括实施行政许可和行政处罚、大额信贷资金运用、金融风险处置、预算资金分配、大额财务开支、基建立项与变更、固定资产采购与报废、历史遗留问题处理以及在辖内实行机构改革、岗位整合中出台的管理措施及制度建设等。

（2）财务管理制度的健全性及执行的有效性情况。一是健全财务管理制度。明确财政资金使用的范围、相关审批权限和程序；财务管理制度对财政资金的控制和保障程度等。二是审查财务管理制度执行的有效性。审查预算指标执行的真实、合法、有效程度；专项资金的管理使用情况；基本和专用存款账户核对及使用、管理情况等。

（3）业务管理和内部控制制度的健全性、遵循性和执行的有效性情况。一是健全内部管理和各内设职能部门履职制度。明确内部管理制度对各内设职能部门职责实现的控制和保障；各内设职能部门为各岗位职责实现建立的控制和保障制度等。二是审查各内设职能部门制度遵循情况。包括重要岗位制约、安全管理、应急机制建设、风险辨识和管理以及劳务用工、依法行政等。三是评价制度执行有效情况。包括管理目标的完成效果、员工对制度的认可和领导干部的满意程度、资源利用和管理、社会影响等。

（4）履行财经法纪责任情况。包括违反国家法律、法规造成重大经济损失的情况，组织人事、纪检监察等机关委托需要审计的情况，群众反映较多的与财经法纪相关的情况等。

（四）以客观为要义，最高程度地公正评价领导干部任职情况

1. 建立定性和定量相结合的经济责任审计评价体系。通过界定经济责任审计范围和内容，奠定了在经济责任审计中开展绩效评价的基础。通过现场审计及建立经济责任审计评价体系，实现由简单的合规性审计“对与错”评价向效率和效果评价转变，最高程度公正地做出对领导干部任职情况的评价。

（1）基本指标。在对责任人做评价前，首先要了解所在单位的主要基本指标，以便做好后续评价。包括：①所在单位年行政总成本及人均行政成本[①]；②所在单位固定资产总额及人均固定资产；③所在单位人均办公面积、人均公务用车里程数、人均计算机台数；④所在单位员工人数及年人均工资总额；⑤所在单位安排使用的各类专项资金及年增长额。

（2）经济性指标。用来衡量所在单位在其管理活动中经济资源、人力资源和信息系统资源的配置状况是否合理、适度的指标。包括：①所在单位年人均行政成本与所在地政府同级别行政单位平均行政成本之比；②所在单位人均固定资产与所在地政府同级别行政单位人均固定资产之比；③所在单位招待费、会议费与核定招待费、会议费之比；④所在单位劳务用工及每年支付的工资费用总额与所在单位年人均行政成本之比；⑤所在单位损失浪费资金、资源总额；⑥所在单位行政经费节约额。考核标准分为合理、比较合理、不合理 3 个等级。

（3）效率性指标。效率是投入和产出的比率，但是由于人民银行是非营利性金融管理机构，许多产出难以量化，投入和产出之间缺乏一定的联系，衡量的标准只能说是相对而言的标准。包括：①公文分发、行政许可等事项或服务平均办理时间；②岗位提供服务的单位成本；③单个固定资产或设备使用频率；④单位劳动时间完

① 为方便计量，此处行政成本只局限于履职中直接耗费或支付的财务支出及其他物质消耗。

成的工作量；⑤突发事件的反应速度；⑥单个服务项目或公共设施的成本收益分析。考核标准分为较高效率、中等效率、低效率3个等级。

（4）效果性指标。指既定目标的实现程度，以及项目、计划或一项活动的实际结果和预期结果之间的关系。包括：①某项制度、政策或服务的受益人数及比例纵向比较；②某项新制度、政策或服务的受益人数及比例；③对某项目资金投入后的使用效果比较；④能源消耗的改善程度；⑤社会公益事业的参与程度；⑥职工幸福的感受度，含对薪酬、福利、社会保障以及培训、民主权利等的满意程度；⑦所在单位实际获得的荣誉与期望值之间的差距。考核标准分效果明显、效果一般、效果不明显3个等级。

2．转变思维，创新建立经济责任审计报告制度。经济责任审计是内审项目中唯一特定对人的审计品种，评价不当不利于审计工作和谐开展，也不利于推进内审转型工作。具体为建立一种弹性的审计报告制度，报告可采用三段式或四段式，即：三段式为审计工作开展情况、被审计对象基本情况和结论性评价、审计建议。四段式为审计工作开展情况、被审计对象基本情况和结论性评价、存在的问题、审计建议。其中：结论性评价要求中肯，正面评价为主、负面评价为辅；存在的问题体现重大风险隐患、内部控制缺陷和违规问题；审计建议主要把审计中发现的合规性的问题以建议的形式体现出来，同时要求对审计建议在规定时间内整改。

（五）以规范为原则，完善经济责任审计立项委托和计划程序

1．建立经济责任审计工作联席会议制度。以协调促规范，该会议主持人为行长，由纪检监察、组织人事、内审等部门主要负责人以及部门分管行领导参加。主要职责是交流通报经济责任审计工作开展情况，协调解决工作中出现的问题。明确内审部门负责会议的日常工作。

2．建立经济责任审计计划程序。组织人事部门每年提出下一年度经济责任审计委托建议，经会议研究后提出经济责任审计计划草案，由行长决定草案审定形式并经审定后，纳入年度内审工作要点实施审计。

3．完善委托建议内容。委托以书面的经济责任审计委托书形式出具，包括：委托审计的领导干部姓名及简要情况；被审计领导干部所在单位的名称及简要情况；审计期间；审计范围；审计重点或应当关注的事项；审计事项；其他有关事项。

参考文献：

[1] 国际内部审计师协会（IIA）．国际内部审计专业实务框架．2009.

[2] 中国人民银行总行．中国人民银行内审工作制度．2005.

[3] 国际内部审计师协会（IIA）．实施内部审计业务[M]．北京：中国财政经济出版社，2009.

[4] 曹承鼎. 人民银行内审原理与实务[M]. 长沙：湖南人民出版社，2000.
[5] 张连华. 内部审计实务精要[M]. 长沙：湖南教育出版社，2006.
[6] 赵建平. 现代内部审计理论与实践[M]. 南京：江苏大学出版社，2007.
[7] 赵国新. 现代经济责任审计理论与实务[M]. 北京：中国时代经济出版社，2009.

风险矩阵法在基层央行风险导向审计中的应用

王　康　符夫之　卢米

中国人民银行海口中心支行

〔**摘要**〕风险导向审计是在传统审计模式上发展起来的一种重要审计理念，开展风险导向审计不但能够有效控制审计风险，而且可以提高审计质量和效率，因而对风险导向审计问题的研究已成为当今热点问题之一。本文以风险导向审计的风险模型为基础，运用风险矩阵法对央行内部审计潜在重大错报风险进行评估，得出各类错报风险的影响程度、发生概率和风险等级，提出应对措施，为基础央行开展风险导向审计提供依据。

〔**关键词**〕风险矩阵　审计风险模型　风险导向审计　基层央行

一、概述

20 世纪 80 年代以来，注册会计师在具体项目审计过程中突破了传统的制度导向审计模式，开发出了一种以评估审计风险为中心的审计模式，立足于对审计风险进行系统的分析和评价，并以此为出发点制订审计计划，实施审计实务，以此保证和提高审计质量，这就是风险导向审计模式。它是在评价和分析审计风险的基础上，对所审计的项目保持合理的职业警觉，在审计财务信息的同时，更多地关注审计环境，将风险评估贯穿于审计全过程。

注册会计师业务存在审计风险，已为社会各界所认同，风险管理与控制的理论研究和探索也在不断加强。这样的需求在人民银行内部审计中是否也同样存在呢？央行内部审计是否也可以借鉴风险导向的理念呢？我们认为，答案是肯定的。随着市场经济体制的日益完善和人民银行职能的不断变化，基层人民银行以往很多被忽视的风险和问题日渐显露，如宏观调控中的决策风险、依法行政中的法律风险以及各类资金风险、网络风险和道德风险。基层央行可能要面临的风险是其内部审计选择审计项目以及确定审计重点领域的依据。那么，为了更好地应对风险，引入风险导向审计模式不失为一良策。

目前，对风险导向审计的研究成果不少，内容主要有审计风险模型与内涵、风险导向审计机理与运用问题、风险导向审计与政府绩效审计的关系，以及风险导向审计模式下CPA、客户和政府监管三方博弈问题，等等，而针对开展风险导向审计的方法和技术方面的研究成果还比较少，这非常不利于风险导向审计的全面推广和应用。为此，本文结合风险矩阵法，探讨风险导向审计的应用模式，以进一步丰富相关理论。

二、原始风险矩阵

风险矩阵是在项目管理过程中识别项目风险重要性的一种结构性方法，它能够对项目风险的潜在影响进行评估，是一种操作简便且定性分析和定量分析相结合的方法。这种方法是美国空军电子系统中心（ESC，Electronic Systems Center）的采办工程小组于1995年4月提出的。自1996年以来，ESC的大量项目都采用风险矩阵方法对项目风险进行评估。

在ESC的原始风险矩阵中，包括风险栏、风险影响栏、风险发生概率栏、风险等级栏和风险管理栏等组成。每一栏说明如下：

风险栏（risks）：识别、描述具体的风险。

影响栏（impact，记为I）：评估风险对项目的影响。一般将风险对项目的影响分为关键、严重、一般、微小和可忽略五个等级。

风险发生概率栏（probability of occurrence，记为P）：评估风险发生的概率。

风险等级栏（risk rating，记为R）：通过将（I，P）值输入风险矩阵确定风险等级，一般分为低、中、高三个等级，也有一些学者根据实际需要将其分为低$^{-}$、低、低$^{+}$、中$^{-}$、中、中$^{+}$、高$^{-}$、高和高$^{+}$九个等级。

风险管理栏（manage）：风险管理小组制定具体战略管理来降低风险。

风险矩阵法综合考虑了风险影响和发生概率两方面的因素，可对风险因素对项目的影响进行直接的评估。在风险导向审计中，应用风险矩阵方法确定审计风险因素的等级，就可以对审计力量和资源进行合理安排，扩大关键风险的取证范围或缩小可忽略风险的取证范围，把审计风险控制在可接受程度内，提高审计的效率。

三、风险矩阵法在基层央行风险导向审计中的具体应用

风险导向审计是一种新的观念导向和审计策略，根据风险导向审计的风险模

型：审计风险=重大错报风险×检查风险，审计人员要有效地把握各种错报风险，就必须从错报产生的源头着手，才能控制住审计风险。在基层央行内部审计中，它要求审计人员从行政职能出发，将被审计单位置于广泛的行政系统中对其整体风险进行考察、测试 、评价和决策，来指导审计取证的程序。

（一）重大错报风险识别

近几年人民银行内部审计的实践表明，基层央行履行相关职能时，外部和内部环境都会产生影响，当利益发生冲突时，会产生消极、阻碍作用，给央行管理带来风险。而正是这些风险构成了基层央行内部审计重大错报风险的主要来源，根据性质与业务的不同，主要有以下 14 种潜在重大错报风险，具体如表 1 所示。

表 1 基层央行内部审计重大错报风险

重大错报风险	风险因素
廉政风险	基层央行履行职能的环境，党风廉政、反腐败工作开展情况
制度风险	各种业务、活动和学习等制度的建立与完善情况
法律风险	基建、采购，行政许可、行政监督检查、行政处罚，金融风险处置等过程中可能产生的法律纠纷
货币信贷与金融稳定风险	再贷款、再贴现、存款准备金管理和检查；银行间债券市场、同业拆借市场管理；金融风险监测和金融风险处置
国库核算风险	库款支拨、收入退库；国债管理；国库业务检查、内外对账；重要空白凭证与有价单证管理和印押证管理等
财务风险	预算指标的分配与管理；费用支出的审批与使用；固定资产的入账与实物管理；大宗物品采购管理；基建资金使用管理
科技网络风险	电子设备采购管理；信息系统维护、应急管理；网络安全与应急
货币发行风险	发行库基金调拨、复点、销毁、出入库管理及审批权限、程序
外汇管理风险	银行结售汇管理；外资、外债管理；进出口收付汇管理；非贸易外汇管理；个人外汇管理；外汇检查、处罚过程中可能产生的腐败问题和法律纠纷
安全保卫风险	库区安全、押运、枪弹管理；防火、防水、防震管理
支付结算风险	联行、网点业务；同城票据交换业务；支付系统运行管理
金融统计风险	金融统计数据收集、汇总、编制、保密、检查；金融统计数据集中系统、金融统计监测系统管理
征信管理风险	企业、个人征信信息采集、查询；贷款卡管理；征信检查等
反洗钱检查风险	反洗钱检查及处罚过程中可能产生的腐败问题和法律纠纷

（二）重大错报风险评估

在实际的审计实践中，由于审计开展受到人力、物力、精力和时间等因素限制，不可能对所有存在的错报风险都采取同样的防范措施，选取同样的取证范围，在更多的情况下，要根据重大错报风险的影响程度、发生概率等情况有侧重的采取对策、选取适当的取证范围，获得相对充分必要的审计证据。为此，本文运用风险矩阵法的一般原理，对基层央行内部审计重大错报风险的影响程度、风险发生概率、风险等级进行研究，其风险影响程度、发生概率和风险等级界定如表 2、表 3 和表 4 所示。

表 2　风险影响的说明

风险影响程度	定义或说明
关键	风险发生，将导致审计报告严重失真，审计项目完全失败
严重	风险发生，将导致审计报告失真，审计目标严重受损
一般	风险发生，将导致审计报告有所失真，但审计目标受损
微小	风险发生，审计报告影响不大，审计目标基本达到
可忽略	风险发生，对审计报告没有影响

表 3　风险发生概率的解释性说明

风险概率范围/%	定义或说明
0～10	极不可能发生
11～30	发生的可能性较小
31～50	有可能发生
51～70	发生的可能性较大
71～90	很可能发生
91～100	极有可能发生

表 4　风险等级对照表

影响等级 发生概率范围%	可忽略	微小	一般	严重	关键
0～10	低$^{-}$	低	低$^{+}$	中$^{-}$	中
11～30	低	低$^{+}$	中$^{-}$	中	中$^{+}$
31～50	低$^{+}$	中$^{-}$	中	中$^{+}$	高$^{-}$
51～70	中$^{-}$	中	中$^{+}$	高$^{-}$	高
71～90	中	中$^{+}$	高$^{-}$	高	高$^{+}$
91～100	中$^{+}$	高$^{-}$	高	高$^{+}$	高$^{+}$

在风险矩阵分析中，对于各种风险的影响程度、风险的发生概率，一般采用专家调查的方式，本研究则采用蒙特卡罗仿真法中的随机数表法来对专家的评价结果进行仿真，为此做以下假设：

1．与表 2 的风险等级相对应，随机数中的 0～10 数值表示可忽略，11～30 表示微小，31～70 表示一般，71～90 表示严重，91～100 表示关键。

2．与表 3 的风险发生概率相对应，随机数中的 0～10 数值表示 0%～10%，11～30 表示 11%～30%，31～70 表示 31%～70%，71～90 表示 71%～90%，91～100 表示 91%～100%。

3．在某次内部控制审计中，均存在上述 14 种潜在错报风险。

根据上面的假设，本研究分别模拟了某次内部控制审计中 9 个主要参与者对于上述 14 种潜在重大错报风险的影响等级、发生概率进行评价，最终获得了表 5 和表 6 的调查仿真结果。

表 5　风险影响程度调查结果

风险＼专家	1	2	3	4	5	6	7	8	9	均值	风险影响
廉政风险	68	66	72	63	67	77	79	67	67	70	一般
制度风险	72	68	66	61	63	71	63	69	65	67	一般
法律风险	80	76	80	81	76	79	76	83	79	78	严重
信贷与金融稳定风险	80	79	69	78	79	87	77	78	86	79	严重
国库核算风险	72	68	66	68	76	68	76	69	66	70	一般
财务风险	81	76	80	83	89	79	76	83	81	82	严重
科技网络风险	80	71	71	65	70	71	79	68	78	72	严重
货币发行风险	69	68	65	61	63	71	63	65	66	66	一般
外汇管理风险	78	78	63	79	79	77	71	70	73	75	严重
安全保卫风险	69	68	65	61	63	71	63	65	66	66	一般
支付结算风险	68	66	72	63	66	80	81	67	63	70	一般
金融统计风险	58	53	61	50	65	51	66	63	52	58	一般
征信管理风险	68	69	56	63	61	65	61	63	61	63	一般
反洗钱检查风险	67	66	73	65	64	71	79	67	65	69	一般

表 6　风险发生概率调查结果

风险＼专家	1	2	3	4	5	6	7	8	9	均值	风险发生概率
廉政风险	28	20	21	26	26	30	26	28	31	26	可能性较小
制度风险	45	49	50	48	51	52	49	46	49	49	有可能发生
法律风险	51	53	56	62	52	56	68	63	54	57	可能性较大
信贷与金融稳定风险	55	53	56	57	58	56	61	63	62	58	可能性较大
国库核算风险	70	71	63	65	77	71	63	68	67	68	可能性较大
财务风险	77	71	83	66	79	78	71	71	73	75	很可能发生
科技网络风险	50	48	47	57	49	50	49	55	50	51	可能性较大

续表

风险＼专家	1	2	3	4	5	6	7	8	9	均值	风险发生概率
货币发行风险	63	56	72	63	56	80	81	63	68	68	可能性较大
外汇管理风险	60	58	56	57	53	63	62	53	54	59	可能性较大
安全保卫风险	50	53	61	81	75	51	66	67	77	66	可能性较大
支付结算风险	51	49	53	53	52	51	46	47	45	50	有可能发生
金融统计风险	30	26	23	33	25	29	31	30	28	30	可能性较小
征信管理风险	31	25	24	26	28	29	30	31	32	30	可能性较小
反洗钱检查风险	52	53	49	58	59	55	53	57	55	56	可能性较大

根据上面对不同风险的影响程度和发生概率的调查结果，结合表 4，可以得出以下结论：财务风险的风险等级为“高”；法律风险、货币信贷与金融稳定风险、外汇管理风险和科技网络风险的风险等级为“高⁻”；国库核算风险、货币发行风险、反洗钱检查风险和安全保卫风险的风险等级为“中⁺”；制度风险和支付结算风险的风险等级为“中”；廉政风险、金融统计风险和征信管理风险的风险等级为“中⁻”。

（三）重大错报风险的风险矩阵及应对措施

根据上文的分析，可以得出基层央行内部审计重大错报风险的风险矩阵，如表 7 所示。

表 7　基层央行内部审计重大错报风险的风险矩阵

序号	重大错报风险	风险影响	风险概率	风险等级	风险应对
1	廉政风险	一般	26	中⁻	正常的审计程序
2	制度风险	一般	49	中	关注，注意控制
3	法律风险	严重	57	高⁻	重点控制
4	信贷与金融稳定风险	严重	58	高⁻	重点控制
5	国库核算风险	一般	68	中⁺	关注，注意控制
6	财务风险	严重	75	高	重点控制
7	科技网络风险	严重	51	高⁻	重点控制
8	货币发行风险	一般	68	中⁺	关注，注意控制
9	外汇管理风险	严重	59	高⁻	重点控制
10	安全保卫风险	一般	66	中⁺	关注，注意控制
11	支付结算风险	一般	50	中	关注，注意控制
12	金融统计风险	一般	30	中⁻	正常的审计程序
13	征信管理风险	一般	30	中⁻	正常的审计程序
14	反洗钱检查风险	一般	56	中⁺	关注，注意控制

根据风险矩阵分析的结果，为了降低审计风险，针对不同等级的错报风险可以采取以下措施分别进行防范。

1．对于风险等级为“高”和“高⁻”的财务风险、法律风险、科技网络风险、信贷与金融稳定风险和外汇管理风险，应作为重点控制和防范对象，实施审计时，在对会计凭证、报表、日常工作记录等审核的同时，还要加强对内外部环境、人员道德水平和法律知识水平等因素的系统分析和评价，扩大必要的取证范围。财务风险、法律风险、信贷风险和网络风险关系到人民银行内部安全和外部形象、权威问题，这也是审计风险的源头，应当进行重点控制和单独披露，甚至有必要就某个风险问题进行专项审计，进行详细排查，既能降低审计风险，又提高了人民银行风险管理的效果和水平。

2．对于风险等级为“中$^{+}$”和“中”的国库核算风险、货币发行风险、反洗钱检查风险、安全保卫风险、制度风险和支付结算风险，属于人民银行基本业务范围，应当注意控制，实施审计时，应加强对其控制风险水平的程序性测试，再根据期望的检查风险水平实施充分必要的实质性测试。

3．对于风险等级为“中$^{-}$”的廉政风险、金融统计风险和征信管理风险，可以按照正常的审计程序来安排审计工作，在适当的范围内采取部分抽样的方式进行。

四、小结

从上述讨论可以得出以下结论：（1）将风险矩阵法运用于重大错报风险评估，程序性强、简单易行，适合在人民银行内部审计中推广，作为开展风险导向审计的有力工具。（2）根据风险矩阵的分析结果，在基层央行内部审计中应该重点控制财务、法律、科技网络、信贷与金融稳定和外汇管理五个等级较高的风险；关注国库核算、货币发行、反洗钱、安全保卫、制度建设和支付结算六个中度风险。（3）实施风险导向审计，应针对不同等级的风险应采取不同的审计措施，既可以降低审计风险，又可以合理的配置审计资源，提高审计质量和效率。

参考文献：

[1] 萧英达，等．国际比较审计[M]．上海：立信会计出版社，2000.

[2] 吉伟莉．从审计风险模型的演进透视现代风险导向审计[J]．财会研究，2007（12）：71 ~ 75.

[3] 陈志强．从审计模式及其思想的演进辨析风险导向审计应有的内涵[J]．审计研究，2006（3）：69 ~ 73.

[4] 谢志华，崔学刚．风险导向审计：机理与运用[J]．会计研究，2006（7）：15 ~ 20.

[5] 杨妍. 风险导向审计模式下的政府绩效审计理论研究[J]. 审计研究，2006（4）: 20 ~ 23.

[6] 庄立，王玉蓉. 现代风险导向审计下审计三方关系人的博弈分析[J]. 审计与经济研究，2007（6）: 26 ~ 30.

[7]Paul R，Garvey P R，Lansdowne Z F.Risk matrix: an approach for identifying，assessing，and ranking program risks[J]. Air Force Journal of Logistics，1998（25）: 16 ~ 19.

[8] 陈毓圭. 对风险导向审计方法的由来及其发展的认识[J]. 会计研究，2004（2）: 58 ~ 63.

[9] 中国人民银行上海分行内审处课题组. 运用风险导向审计降低央行内部审计风险[J]. 上海金融，2004（12），50 – 53.

[10] 朱启超，匡兴华，沈永平. 风险矩阵方法与应用述评[J]. 中国工程科学，2003（1）: 89 ~ 94.

[11] Engert P A，Lansdowne Z F.Risk Matrix User's Guide [R].Bedford: The MITRE Corporation，1999: 18 ~ 39.

[12] 汪应洛. 系统工程理论、方法与运用[M]. 北京: 机械工业出版社，1994.

实施风险导向审计，不断提高国家开发银行内部控制建设水平

王俊南

国家开发银行稽核评价局

〔**摘要**〕本文从风险导向审计的含义、理念和主要功能出发，分析了风险导向内部审计对于国家开发银行内部控制管理的重要意义及有关对国家开发银行实施风险导向内部审计相关问题的思考。

〔**关键词**〕开发银行 内部控制 风险导向 内部审计

2009 年以来，面对国际金融危机持续蔓延、国际金融市场跌宕起伏的严峻复杂形势，国家开发银行党委以科学发展观为指导，坚持开发性金融实践和方法，各项工作取得新成效。同时，我们也要看到国际金融危机给国内银行业带来的重大影响，主要表现为：一是企业市场或多或少与国际接轨，美国次贷危机、欧债危机、油价飞涨、人民币汇率飙升、我国涉外税收优惠政策的变化，对各行各业产生较大的影响；二是国家严控信贷投放规模，部分企业资金链断裂风险进一步加大，风险日益显现；三是中央金融宏观调控力度不断加大，调控政策、方针日趋完善、有效、到位，市场化调控手段作用越来越突出，利率、存款准备金率不断调整，对资产流动性工作提出了更高的要求。如何应对当前复杂多变的经济、社会和产业宏观环境，准确评价自身在竞争日趋激烈的市场环境中所带来的合规经营风险，不断提高内部风险管控水平，已经是一个紧迫的课题。而实行风险导向内部审计，有助于贯彻实施切合银行实际需要的风险内控战略，从源头上有效识别、计量、监测、控制以及化解经营风险和操作风险。

一、风险导向审计的含义、理念和主要功能

风险导向审计是当今主流的审计方法，是以审计风险模式为基础进行的审计。它是指通过了解被审计单位的经营管理、战略目标及其内部控制，评估被审计单位的风险程度，确定剩余风险，明确审计重点，执行额外审计程序并将剩余风险降低到可接

受水平的一种审计方式。审计风险模式认为，审计风险取决于重大错报风险和检查风险，而重大错报风险又是固有风险与控制风险的综合，重大错报风险以固有风险为主要内容，同时由于固有风险并不是孤立的，与企业的战略目标、经营环境、公司治理结构以及内部控制等紧密相关。故以“重大错报风险”涵盖包括固有风险在内的诸多因素，即“审计风险=重大错报风险×检查风险”;“重大错报风险=固有风险×控制风险”。该模式的出现，从理论上解决了以制度为基础采用抽样审计的随意性，又解决了审计资源的分配问题。风险导向审计重心在源头，它从全局的观点出发，从战略风险入手，通过“经营环境—经济产品—经营模式—剩余风险分析”的基本思路，克服了制度基础审计简化主义的认知模式，在源头和宏观上判断和发现重大风险。在将环境变量引入审计风险模式的同时，也将审计的触角扩展到对非财务信息的分析，通过多样化的风险评估分析，将审计的重点定格在重大风险区域，并设计有针对性的个性化审计程序，既降低了审计风险，又节约了审计资源。风险导向审计的理论假设是：被审计单位在复杂激烈的市场竞争环境下出现经营业绩下滑会影响其战略目标的实现。面对严格的市场监管和社会各方压力，被审计单位的管理层就很可能会产生利用财务报告舞弊以掩盖经营不利的动机。因此，内部审计人员要站得高、看得远，从源头上寻找可能产生舞弊的根源，从而更客观准确地评价企业经营管理中存在的风险。

总体而言，与传统审计模式相比，风险导向内部审计具有以下两大新功能：战略导向功能和系统性功能。首先，从风险导向内部审计的战略导向功能来看，审计人员在对被审计单位进行审计之前，首先要对其总体环境、行业环境、监管环境、竞争环境等进行分析，以确定下一步是否进行审计及如何审计。这样，内部审计可以在评价银行经营风险战略是否得到有效、全面贯彻执行，以及银行经济资源是否得到合理、高效配置，提供切合实际的审计评价意见。

其次，风险导向的内部审计强调风险内部控制的系统性，将被审计单位置于一个大的经济环境系统中，全方位地判断影响因素，从其所处的环境、条件到经营方式和管理机制等内外两个方面来分析评估审计风险。这种新的审计模式能够有效克服传统审计模式普遍存在的“只见树木，不见森林”的弊端。

具体而言，风险导向内部审计具有以下鲜明特征：

1. 审计重心前移，针对风险点设计和实施控制测试和实质性程序。

2. 注重运用分析性程序识别可能存在的重大错报风险。

3. 在分析工具上，审计人员常常把战略分析、绩效分析、财务分析及前景分析等分析工具运用到分析性程序中去，得出的风险评估结果会更加可靠。

4. 强调审计人员应始终保持职业怀疑态度，在审计过程中充分关注可能导致会计报表发生重大错报的情况，排除疑问。

5. 增加了审计工作记录的具体要求。

6．审计测试程序个性化。

二、风险导向内部审计对于开发银行内部控制管理的重要意义

当前，合规经营风险已经成为未来一段时期各家银行所面临的重大风险之一。而实行风险导向内部审计，有助于开发银行有效管控合规经营风险，其意义主要体现在以下两个方面：

首先，实行风险导向内部审计有助于贯彻落实风险内控战略。风险导向内部审计的着眼点是从战略的高度分析本行所面临的风险，重构风险模型，找出化解风险的对策。这种战略管理理念对于银行实现风险内部控制战略、建立健全内控体系有着很强的现实意义。目前我国商业银行的内部控制措施，不少是按照法律法规的要求或监管部门、总行的监督检查要求被动进行，并非出于自身经营发展战略和风险控制战略考虑主动进行，而且这种风险管理活动往往只是采取“亡羊补牢”式的风险应对措施，而随着银行外部监管环境和政策的不断变化，风险内部控制点随之改变。传统的内部审计不能适应形势变化，旧的风险控制点得不到及时更新，新的风险控制点不断涌现，审计工作难以面面俱到。实际工作中，风险高的领域审计资源难以到位，风险低的领域往往过高配置审计资源，很大程度上影响了内部审计的效率。实行风险导向的内部审计，强调对银行经营风险的主动管理、积极管理，要求内审人员以风险战略分析评估为导向，根据量化的分析水平排定审计项目优先次序，依据风险确定审计范围与重点，然后决定是否审计以及如何审计。这样，审计资源的分配不再是面面俱到，也不仅仅是被动的防错纠偏，而是突出重点，针对关键环节和重要风险点进行重点审计，做到有的放矢、切合实际。

其次，风险导向内部审计对于建立健全开发银行全过程的风险内控体系具有很强的现实意义。实行风险导向内部审计，要求审计人员通过对产生风险的各个环节进行调查了解、搜集证据，从各个角度逐步地验证某项认定，最终合理地评价某项认定是否正确，形成审计意见。可见，风险导向内部审计过程是一个通过系统分析不断克服和降低风险的过程，也是形成环环紧扣的风险内控的必要流程。

三、关于国家开发银行实施风险导向内部审计相关问题的思考

风险导向内部审计是内部审计领域的发展方向，也是国家开发银行内部审计发展的必然趋势。风险导向内部审计模式在具体运用过程中，具有很多与传统审计模式不同的特性，这些特性必将对完善银行内部控制体系起到积极的作用。但风险导向内部审计的研究和实务包括全面的推行实施，涉及全行风险管理战略、指标考评

体系、审计人才队伍建设和员工素质等很多重大问题。为此，应当在以下几个方面，未雨绸缪，做好实施风险导向内部审计的前期基础性准备工作。

1. 强化领导层对风险导向内部审计和构建内部控制体系的重视。

由于风险导向内部审计本身所具有的战略导向功能和系统控制功能，这就要求领导层必须对此加以足够的重视，亲自过问内部控制体系的构建，亲自部署风险导向审计的任务，亲自督促检查整改措施的落实。只有这样，风险导向内部审计才能得到全体员工、各个部门、单位的支持和理解；完成审计任务所必需的资源和工作条件才能得到切实保障，内控体系建设才能更加深入。

2. 建立健全经营管理的指标考评体系，为风险导向内部审计构建良好外部环境。

目前，全行基本上建立了规模类指标和质量类指标考评体系，但是在实际执行过程中，要将风险内控特别是通过风险导向内部审计所得出的意见建议，与相关人员的业绩考评挂钩。只有这样，风险导向内部审计的评价意见才会形成硬指标，真正发挥出应有的内部管控功能。

3. 深化内控体制改革，强化合规经营制度执行力。

要建立独立、超脱、有权威的对总行一级法人直接负责的内控体制，通过定期对各部门、各分行的内控机制进行综合评价，加大对违规、违章行为的处罚力度，以维护规章制度的严肃性和权威性，进而逐步将防范经营风险的"关口"前移至业务经营的第一线。在完善责任追究办法的基础上，对保障制度执行有效性监督处罚办法进行修改完善，在监督处罚程序、处罚种类、违规条款方面进行补充完善，使内部控制检查覆盖到全行的各项工作，各个层面。

4. 改革培训方式，强化队伍建设。

风险导向内部审计不仅要求全行内审人员要不断更新知识、技能，熟悉各行各业的最新动态，以及国家产业政策的重大调整，也要求被审计单位员工具有同样的素质，因而开展好培训工作至关重要，特别是要在加强培训的实效性是上下工夫。

四、开发银行实施风险导向内部审计的切入点和落脚点

1. 实施以风险为导向的内部审计，必须以开发银行的业务定位为切入点。

随着新形势的发展变化，开发银行内审工作面临的任务更加繁重、工作要求也越来越高。由于开发银行的中长期、批发性、债券银行的定位，有着不同于商业银行的业务和风险监控的性质，审计实践中面临着许多挑战。因此，在风险导向内部审计中，自始至终都要根据开发银行的市场定位，关注风险，并根据风险度选择项目，以降低风险为导向，进行内部控制制度的符合性测试、实质性测试，并进行监督和评价，提出建设性意见和建议。

2．用客观、科学的态度，实施以风险为导向的内部审计。

风险导向内部审计即是以对整个组织的风险进行评估与改善为最终目的的一种审计理念。IIA（国际内部审计协会）于2001年在其发布的《内部审计实务标准》中对内部审计的定义，就是风险导向内部审计的体现。根据该定义，推行风险导向内部审计就是要求内部审计以内部控制作为生存与发展的基础，以公司治理作为参与风险管理的前提条件，以对组织风险的评估与改善作为基本目标。

在实施以风险为导向的内部审计中，我们要用客观、科学的态度，认真研究政策依据，从维护开行发展大局角度出发、从实际出发、从帮助解决问题出发、从促进规范管理出发，努力查找制度、政策、管理上存在的深层次原因，及时研究提出推进开发性金融健康发展、发挥作用的对策和建议，供董事会决策参考。要真正从源头上、宏观上解决问题，避免以偏概全、主观臆断、主客观分离的现象发生。

3．把服务发展、保障发展、促进发展作为实施以风险为导向的内部审计工作的出发点和落脚点。

要适应开行改革发展要求的定位，把服务发展、保障发展、促进发展作为开发银行审计工作的出发点和落脚点，认真研究，积极进行深度分析，提出相关审计建议，充分发挥内部审计在促进开发银行持续稳定发展中的、免疫系统的功能作用，有效防范、控制风险，切实促进和加强开发银行的内部控制体系建设。

4．以风险为导向、增值为目标，合理安排审计项目计划。

（1）根据开发银行经营目标和发展战略及风险状况，合理配置审计资源，制定科学的中、长期审计规划和年度审计项目计划。

（2）以内部控制制度的可行性、有效性和完备性为基础，开展管理审计工作，为管理的“高压线”设防。

（3）以开展任期经济责任审计为载体，为优化考核指标体系提供建议，引领价值取向。利用交换审计意见等审计环节多渠道搜集考核指标的信息，在年终综合考核时与责任人、相关考核部门探讨考核指标体系的规范与合理性，逐步细化和完善考核指标体系，既减少审计评价中的分歧，又严密经济责任考核体系，为实现价值最大化奠定良好基础。

（4）尝试进行风险管理审计。在开发银行重大项目决策中尝试进行风险管理审计，既为以后的风险管理审计积累经验，又能经过事前评估、事中监控、事后考核，帮助评价重要的风险因素，防范失误，减少损失。

五、以风险导向内部审计为契机，进一步提高开发银行内部控制建设水平

风险导向内部审计，在内部控制五要素（内控环境、风险评估、内控活动、信

息与沟通、监督）的基础上增加了目标设定、事件识别和风险评估三个要素，与原来的风险评估要素一起构成了一个完整的风险管理的基本过程；并将内部风险管理覆盖了开发银行所有层次，包括业务单元、分支机构和子公司的整体层次；而业务单元、分支机构和子公司的整体层次正是公司治理和内部控制涉及的全部领域。笔者认为主要体现在以下：一是内部审计工作的重点应放在重要的风险上，审查贯穿组织范围的风险管理；二是为风险管理提供确证服务；三是积极支持并参与风险管理程序；四是促进风险识别与评估，在内部控制领域教育全行所有的人员；五是帮助向董事会、审计委员会等提供风险报告。这样，内部审计在开发银行内部控制中发挥的作用也有了相应的发展和变化。

参考文献：

[1] 杨森，何所宜．金融稽核[M]．西安：陕西人民出版社，1999.

[2] 李凤鸣．基础审计学（第2版）[M]．北京：北京大学出版社．2002.

[3] 国际内部审计师协会．内部审计实务标准（第一版）[M]．北京：中国时代经济出版社，2002.

[4] 郑小荣．风险导向内部审计若干理论问题探讨[J]．审计与经济研究，2006.

风险导向审计在投资项目审计中的实践与应用

王秋光

江苏省公安厅

〔**摘要**〕文章在工程建设项目审计和信息化工程审计两个领域，以设计阶段、预算审计、招投标过程、施工阶段和潜在供应商的资质设定、评分办法、项目维保、合同签订前深化设计等八个环节为关键点，论述了如何进行风险控制。

〔**关键词**〕风险导向审计　审计风险　项目风险　工程建设项目审计　预算审计　信息化工程审计

风险导向审计从理论上分为传统风险导向审计和现代风险导向审计。

传统风险导向审计是从账项基础审计、制度基础审计发展而来的。随着审计环境的不断变化，审计风险既受到企业固有风险因素的影响，又受到企业内部控制风险因素的影响，同时还受到审计人员实施审计程序后未能发现错报风险的影响。为降低审计风险，审计从业人员开发出了审计风险模型，从理论上解决了从业人员以制度为基础采用抽样审计的随意性，并解决了审计资源的分配问题，由此产生了传统风险导向审计。传统风险导向审计只关注审计人员自身面临的风险。

现代风险导向审计对传统风险导向审计有较大的改进，不仅关注审计风险，还关注经营风险。现代风险导向审计是指审计师通过对被审计单位进行风险职业判断，评价被审计单位风险控制，确定剩余风险，执行追加审计程序，从而将剩余风险降低到可接受水平的一种审计方法和技术。

在内部审计的投资项目审计中，风险导向审计无处不在，既有关注审计风险的传统风险导向审计，又有关注单位利益及项目风险的现代风险导向审计。笔者认为，关注单位利益的现代风险导向审计占的比重应该更大一些。

我们从事的投资项目审计，一般分为工程建设项目审计和信息化工程审计。从理论上讲，尚未总结出有效的风险导向审计理论和方法，有的只是风险导向审计的实践和探索。

一、工程建设项目风险导向审计

我们进行工程建设项目审计风险控制的关键点是设计阶段、预算审计、招投标过程和施工阶段四个阶段，因各个阶段的审计风险和项目风险不一样，审计关注点和防范的风险也就各有侧重。

（一）设计阶段。工程设计阶段是项目建设过程中最具创造性和思想最活跃的阶段，是人类聪明才智与物质技术手段完美结合的阶段，也是人们充分发挥主观能动性，在技术和经济上对拟建项目的实施进行全面安排的阶段。技术设计工作阶段对工程造价的影响最为突出，至初步设计结束，影响工程造价的程度为75%；至技术设计阶段，影响工程造价的程度为35%；而至施工图设计，通过技术组织措施节约工程造价的可能性只有 5%～10%。显而易见，工程设计采用合理的工艺技术、材料设备和合理的结构，其设计造价尽可能降低，其工程造价管理效益就明显表现出来了，才能真正做到花小钱办大事，少花钱办好事，少花钱多办事。工程建设项目审计的重点也应该是设计阶段的审计。在工程设计阶段开展内部审计，较之以往的对以定额计价方式进行的对结算编制的准确性进行的事后审计，更具有科学性、前瞻性和实效性。审计人员要立足工程造价控制的前沿，深入施工现场，监督服务到位，从技术上、经济上和管理实施上进行可行性分析，分析工程设计是否全面且符合实际。审计人员应使用跟踪审计，做好与工程造价、设计人员及施工管理人员的沟通，关注施工管理的每一个环节，深入项目设计的全过程，对设计的程序和各项技术经济指标进行论证和评价，必要时，从基础数据分析入手，评价数据的采集工作是否真实，数据来源是否可靠，进而实现对工程投资的管理和服务，对工程造价的控制和监督。

这一阶段的容易出现的问题有两种，一是设计标准过高，二是设计标准过低。设计标准过高，会导致工程超标准建设、贪大求全，浪费财政资金；设计标准过低，会导致施工过程中增加变更，重复建设，加重建设成本。设计阶段的审计应关注审计风险和项目风险，通过必要的审计程序和方法，将风险控制在可容忍范围。

审计的重点分为程序性审计和实质性审计。程序性审计是审查设计单位的编制资格、产生程序和设计方案的审批情况：审查设计单位的资质和等级，有无经国家批准颁发的相应专业的设计证书，审查有无对设计单位进行招标，招标的条件、方式、程序是否符合规定；设计方案是否经设计单位的行政、技术、经济负责人签字，以示对其质量负责，是否经有关单位和部门审查，是否组织了有关方面的专家对设计方案进行充分论证。实质性审计是审查设计方案优选情况及设计方案的概预算：重点审查是否采用比较法对设计方案进行优选，运用价值工程优化、技术经济评价等手段，力求拟采用的设计方案技术先进可行、功能齐全、经济合理、使用安全可靠；有无推广采用标准设计，推行限额设计，限额设计的目标值是否科学合理，审查编制依据的合规合法性、时效性及适用范围，审查编制深度、编制说明、内容、编制范围、建设规模和标准、设备规格、数量和配置，审查工程量、计价指标及其他费用等方面是否完整正确且符合有关规定。

（二）预算审计。这里的预算是指施工图预算，施工图预算是施工图设计预算的简称，又叫设计预算，它是由设计单位在施工图设计完成后，根据施工图设计图纸、现行预算定额、费用定额以及地区设备、材料、人工、施工机械台班等预算价格编制和确定的建筑安装工程造价的文件。在工程招投标中，施工图预算是编制标底的依据，也是承包企业投标报价的基础。

预算审计的风险来自投标企业故意抬高报价的项目风险和审计人员进行预算审计准确与否的审计风险。南京市的工程招投标 2003 年实行《建设工程工程量清单计价规范》以来，评标办法采用综合评分法；2009 年起，政府投资的项目评标办法改为 70%的经济标按合理低价法，30%的技术标按综合评分法。不管哪一种评标办法投标企业都有机可乘，他们要么安排陪标、要么围标，有的投标人甚至挂靠多家单位，拿多家单位营业执照和施工资质投标，谁中标都代表他，目的只有一个——高价中标。鉴于这种情况，为避免工程造价人为抬高的项目风险，我们审计部门提出了加强对招标项目施工图预算的控制，开展预算审计，用审计过的预算作为工程招投标经济标的“拦标价”，在招标文件中明确要求各投标单位的投标报价不得超过招标文件中设定的最高报价，否则视为无效标。有了“拦标价”，即使投标单位“陪标”、“围标”、“多家挂靠”而中标，我们单位的经济利益也不会受到较大损失。

预算审计的执行有效地控制了项目风险，但随之而来是审计风险的提高。如何降低审计风险关键在于预算审计能否科学、准确。预算审计的重点应该放在工程量计算、预算单价套用、设备材料预算价格取定是否正确，各项费用标准是否符合现行规定等方面。设备、材料是预算中所占比重最大、变化最大的内容，也是预算审计的重中之重，主要审查设备、材料的预算价格是否符合工程所在地的真实价格及价格水平，设备、材料的原价确定方法是否正确，设备的运杂费率及其运杂费的计算是否正确；有关费用项目及其计取也是一个侧重点，审查有无不能作为计费基础的费用列入了计费基础，预算外调增的价差是否计取了间接费，有无巧立名目、乱计费、乱摊费用现象。预算审计的方法很多，主要有全面审查法、标准预算审查法、分组计算审查法、筛选审查法、重点抽查法、对比审查法、利用手册审查法和分解对比审查法八种。审计人员在熟悉施工图纸、了解预算范围、弄清预算采用的单位估价表的基础上，选择适当的审计方法，按相应的重点内容审查，就能够确保预算审计的科学、合理，最大限度地降低审计风险。

（三）建设项目招投标。建设工程招标是指招标人在发包建设项目之前，公开招标或邀请投标人，根据招标人的意图和要求提出报价，择日当场开标，以便从中择优选定中标人的一种经济活动。建设工程投标是工程招标的对称概念，指具有合法资格和能力的投标人根据招标条件，经过初步研究和估算，在指定期限内填写标书，提出报价，并等候开标，决定能否中标的经济活动。其中建设工程招标是要约邀请，而投标是要约，中标通知书是承诺。

这一阶段风险控制的重点是招标文件。建设工程招标文件是由招标单位或其委托的咨询机构编制发布的，它既是投标单位编制投标文件的依据，也是招标单位与将来中标单位签订工程承包合同的基础，招标文件中提出的各项要求，对整个招标工作乃至承发包双方都有约束力。招标文件审计的重点是工程量清单的审计，其次是合同条款的审计。

工程量清单是表现拟建工程的分部分项工程项目、措施项目、其他项目名称和相应数量的明细清单。是按照招标要求和施工设计图纸要求规定将拟建招标工程的全部项目和内容，依据统一的工程量计算规则、统一的工程量清单项目编制规则要求，计算拟建招标工程的分部分项工程数量的表格。工程量清单是招标文件的组成部分，一经中标且签订合同，即成为合同的组成部分，尤为重要。工程量清单审计应防范工程量错误和项目特征描述不清两个风险：工程量的计算要做到不重复不漏项，更不能发生计算错误，否则被承包商发现，会通过不平衡报价获取超额利润，并提出索赔；项目特征描述不清会使合同范围内的项目变成额外增加的项目，导致变更签证增加，无端提高建设成本。

针对上述容易出现的问题，我们审计部门在对工程量清单严格把关的同时，相应地提出审计意见以降低项目风险：一是实际施工过程中，工程量增减在10%以内的不予调整，超过10%的只调整超过10%的部分；二是投标单位编制投标文件依据工程量清单的同时，还要参考设计图纸，清单中没有而图纸有的部分也应报价，否则视为零报价；三是对于项目描述不清的，要求投标单位根据清单和图纸及经验，应该预见而没有预见到，视为已含在投标报价中，决算时不予调整。

在合同条款的审计阶段，根据我们多年的工程审计经验，在以下三个方面提出审计意见以降低审计风险和项目风险：一是明确中标单位投标文件中派遣的项目经理的驻场时间，众所周知，项目经理通常是挂名，只有在开标现场出现过，工程开工后基本见不到人，合同条款明确驻场时间，否则对其进行处罚；二是明确因设计或发包人要求变更或增减项的价格，投标文件中有单价的执行原单价；无单价，有类似项目单价，参考该单价；无单价也无类似项目的由承发包双方协商解决；三是为防止承包方高报决算，明确审减金额超过一定比例审计费由承包方支付，如审减金额在5%以内，审计费由发包方承担，审减金额在5%～10%，审计费由承发包方各付一半，审减金额超过10%，审计费由承包方承担。

（四）施工阶段。施工阶段的工作就是三大控制，即质量控制、进度控制、造价控制。目前这一阶段审计人员很少参与其中发挥作用，笔者认为施工阶段审计人员同样可以利用专业知识防范风险。质量控制和进度控制主要是防范项目风险，造价控制风险既有项目风险，也有审计风险。

质量控制的风险防范。工程质量是建设项目的生命，质量优劣决定项目的成败、决定项目的经济寿命。从审计人员的视角，工程质量是由承包方的现场施工人员的技术水平和职业道德以及发包方的现场工作人员的专业水平和责任心决定的。因承包方由建设项目招标产生，这里重点介绍一下发包方如何控制工程质量。施工阶段发包方进行质量控制的关注点应该是材料，目前通用的做法是甲供材和乙供甲控。甲供材确能达到控制材料质量的作用，但甲供材的范围不宜过大，主要的、用量大的、价格高的材料可以定为甲供，其余的应作为乙供甲控，甲方可以让一部分材料利润给乙方，让乙方在材料方面有一定的自主权，充分调动乙方的积极性，达到双赢的目的。甲供材一般由招投标产生，审计人员应当建议发包方为甲供材建立专门的账簿，由专人负责，在领用和保管方面下工夫，甲供材的领用必须要由乙方签字确认。承包方在投标时乙供材都会达到招标文件的要求，但在施工时会出现以次充好现象，乙供材料进场时，发包方的现场工作人员应做好验收工作，对照投标文件，检查乙供材的品牌、规格、型号、数量，是否与投标文件一致，必要时可以做材料实验，以检验材料的质量。以上工作审计部门可以发审计建议，并实地进行检查与督促。材料关把好了，质量控制的风险也就尽可能地降低了。

进度控制的风险防范。首先，进度控制的风险主要是防止因甲方施工准备等原因造成的停工和乙方因施工组织设计的原因造成的窝工、怠工。一个建设项目开工以后，如发生停工，大多数情况下都是发包方的责任，因为作为承包方，拖延了工期，人工、机械的损失基本上都要自己承担，一般很难从发包方获得索赔，即使有也很少；如果是承包方的责任，发包方还会对其进行处罚。因此，对进度控制的风险防范首先是解决甲方的问题。甲方原因有两个方面，一是施工条件不具备，二是甲供材供应不到位。发包方，尤其是行政事业单位，经常在施工准备尚未做足的情况下就开始招施工队伍，仓促上马，致使工程开工后出现这样那样的问题，如水电、消防等原因，有的连工程施工许可证都还没有办理。审计人员应督促甲方工作人员按客观规律办事，执行国家相关的法律法规，把施工前准备工作做到位，避免因甲方原因造成的停工。其次是防范因乙方工程施工组织设计造成的窝工、怠工。审计人员审查工程施工组织设计要重点审查编制是否科学、合理、全面，工程流水施工的分类是否科学，组织流水作业是否依据科学的工艺参数、空间参数、时间参数，同时要求承包方做好工程日记。在多个专业承包方同时施工的情况下，甲方工作人员不能把现场总协调的工作完全交给总承包方，因为总承包方的协调力度终究不如甲方，这一点甲方人员要真正负起责任来，做到统一协调、合理安排。只有这样才能在合理的工期内完成项目。

造价控制的风险防范。造价控制的风险主要来源三个方面，一是工程变更，二是施工过程中材料价格涨价，三是工程款的支付。前两者属于项目风险，后者属于审计风险。工程项目因工程建设的周期长、发包方标准提高或降低、自然条件和客观因素等原因，往往都会发生工程变更，在施工过程中如果发生设计变更，将对施工进度、工程造价有很大的影响。审计工程变更要注意审计工程变更是否必要，出现了必须变更的情况，应当尽快变更并加以落实，因为如果变更不可避免，不论是停工等待变更指令，还是继续施工，都会增加损失。工程变更应要求承包方及时做好签证，以便决算审计时有据可依。施工过程中材料涨价是一个很难处理好的问题，尽管发包方会在招标文件及合同条款中约定材料价格不因市场行情变动而变动，但实际操作中，承包方即使在材料上得不到索赔，也会想方设法在其他方面将损失补回来。反过来讲，如果真的遇到材料大幅上涨，这一部分的损失完全由承包方承担也不公平。对于这一问题，我们的审计建议是：材料上浮 10%以内，决算价格不予调整；涨幅超过 10%，谁的原因造成的损失由谁承担；双主均无过错的，各承担 50%，但这部分不予取费。工程款的支付我们是分阶段结算的，一般情况下，开工前支付 30%左右；主体竣工支付 50%左右；工程项目竣工验收合格决算审计前支付至合同价的 70%左右，这样决算审计时对发包方就比较有利，否则工程款超付决算审计就会很被动。抓住以上三方面，工程造价的风险就容易控制了。

二、信息化工程风险导向审计

工程建设项目的审计风险和项目风险同样存在于信息化工程审计之中，工程建设项目风险导向审计的方法和重点也适用于信息化工程审计。但信息化工程有其自身的特殊性，信息化工程审计的风险控制除了要关注上述的环节和重点之外，还要关注潜在供应商的资质设定、评分办法、项目维保和合同签订前深化设计等几个重点环节。

（一）潜在供应商的资质设定。潜在供应商的资质设定环节的风险控制属于项目风险控制。潜在供应商的资质设定一般包括资质等级（含设计、集成、施工）、注册资金等，有的还需要行政主管部门颁发的安全生产许可证，标的是设备的还要有行业主管部门颁发的入网许可证，涉及国家秘密的项目同时要具有保密资质。这一环节的项目风险来源于设定标准过高或过低和排他性两个方面。设定标准过高，排斥了中小企业，浪费了社会资源，有牛刀杀鸡的感觉，且不符合国家扶持中小企业的政策；设定标准过低，会导致投标企业过多、过滥，增加评标费用等社会成本，也会给发包方留下“中标商的注册资金可能远远低于标的，如不能完成项目建设，也是资不抵债，无法按合同追责”的风险。潜在供应商的资质设定如果存在排他性，将导致招投标工作的公正性受到置疑，容易形成垄断，中标价格无法合理压降，发包方的合法利益也会受到损害。投标门槛是潜在供应商准入的必需条件，设置必须合理合规，对此，审计人员应关注有无排他性、唯一性，就资质等级、注册资金、限定性标准发表审计意见，打破“潜规则”，确保较多的潜在供应商加入进来，通过有效的竞争来选择性价比高的供应商，尽量做到公正、公平，防范潜在供应商资质设定环节的项目风险。

（二）评分办法。评分办法是招标文件的重要组成部分，也是开标现场评委打分的依据。招标文件须经审计部门审计，此环节的风险属于审计风险。审计人员应当关注评分办法中价格分、案例分、主观分等分值的设置，将审计风险控制在可接受程度。根据有关规定，硬件类采购的价格分一般占 30%～60%，软件类采购的价格分一般在 10%～30%，如此弹性的规定让价格分设置变得相当重要。价格分太高易引起恶性竞争从而导致中标价太低而无法保障产品质量；价格分太低又会使竞争不充分，产生高价中标。审计人员应合理分析采购需求，建议软件招标和一些技术简单、可控性强、价格相对透明的硬件招标，将价格分提高到规定的上限；对其他项目在价格分设置时，最低也不能低于规定价格分的一半，尽量增加价格因素，以便压降采购资金。实践证明，通过调高价格分，增加评标办法中价格因素的影响，招标能够取得良好效果。

一般来讲，选择有经验的供应商对中标后的沟通和项目的进度控制会有所帮助，但如果过分强调业绩，又会带来排斥新的、可能的、好的合作伙伴，受制于人，不利于形成竞争而无法压降中标价格等风险。因此，在招投标中，对一些同行业中已有多家成功经验的软件开发项目，可以设置一定的案例分来鼓励有经验的企业参与项目投标很有必要，中标后对软件的开发会起到事半功倍的效果；但对一些通用型的软件或无法形成有效竞争的软件及一些硬件的招标，过多的案例分会给多数潜在供应商造成内定招标结果的印象而放弃投标，审计人员必须建议控制案例分，一般在 2～6 分内设置，有的项目甚至可以取消案例分，尤其不能因案例分的设置而形成竞争的壁垒，给一些企业垄断提供条件。

在评分办法的技术分值设置时，许多发包方经常将相当比例的分数设为主观分，由随机抽来的评委凭借对投标文件的理解、现场演示的情况、招标文件响应情况和对一些企业的了解等分别打分。多数评委能认真对比招、投标文件，认真给出恰当分值，但有的评委并不能够认真阅览招、投标文件，仅凭以前对供应商的印象或想当然打分；有些评委因时间短、标书长，随意打分；有的评委因与一些企业有这样那样的关系而“送”分……这些都使严肃的评标活动流于形式，风险无法控制。审计人员应建议将得分点、扣分点尽量设为客观分，这样就可以减少评委评分的随意性，也便于评标委员会主任核查分数，从而使评标活动及结果更加公允、合理，真正选出最佳中标商。

（三）项目维保。现阶段信息化工程领域软件系统和硬件设备的维护保养的项目不断增多，所占的比重也在逐年增大，如何确定合理的维保期限和费用是建设单位和审计部门共同面临的一个新课题。这方面的审计包含了项目风险和审计风险。在项目建设完成并出保后，不管是软件系统还是硬件设备，都要面临着续保问题。而续保，就意味着采用单一来源谈判，建设单位就会受制于原中标单位，尤其是像IBM或HP小型机等进口硬件设备，其一年维保费占原中标价的20%～60%，并且很难通过谈判压降，同时这里面还存在项目的经济寿命如何确定的问题。针对这类问题，我们审计部门提出两条审计意见：第一，建议业务部门在项目立项及设计时，也就是系统开发和购买设备前，先确定项目的经济寿命，即预先设定使用年限；第二，建议在招标文件中将延长质量保证期限或售后服务期限作为加分项，鼓励投标企业延长维保期限，同时要求投标企业在投标文件中明确项目出保后的年维保费用。通常情况下，投标企业为保证能够中标，都会承诺较长的维保期并在维保费用上做出较大的让利。实际运作下来看，这种做法比较成功地控制了建设单位资金损失浪费、受制于中标企业的风险。

（四）合同签订前深化设计。合同签订前的深化设计是指在招投标结束后、合同签订前，由中标方与建设单位共同按照项目需求，结合投标文件，将设计方案进行深化，以达到施工或开发的要求。中标方在领取招标文件到开标，只有几十天的时间，不可能充分理解建设单位的项目需求，投标时的设计方案也不可能达到施工或开发的要求。这一环节存在审计项目风险，成熟的、相对简单、有国家或行业标准的建设项目风险小一些，新开发的、相对复杂的、非标准的建设项目风险大一些。在合同签订前把深化设计做好对建设单位非常有利，建设单位能够掌握主动权；合同签订后，通常建设单位要付一定比例的首付款，这时再要求中标企业深化设计，即使做了深化设计也不一定合乎要求，遇到技术力量弱或对项目不负责的企业，建设单位尤其是政府机关将处于不利的境地，受制于人，也无法控制建设项目的质量与进度。合同审计时，审计人员一定要建议建设部门将深化设计做到位，必须达到施工或开发的要求，将审计的项目风险控制在最低的程度。

综上所述，不论是工程建设项目审计还是信息化工程审计，都存在着审计风险和项目风险，风险导向审计应用于项目建设的各个环节。

基于绩效审计的非法人单位领导干部经济责任审计研究与实践

李国庆
江苏省烟草专卖局（公司）

〔**摘要**〕经济责任审计是伴随着我国经济体制和政治体制改革发展起来的，它对加强干部的监督管理有着重要作用。随着烟草行业经营管理体制的改革，对烟草各级领导干部的经济责任审计工作也在不断改革创新。为加强对非法人单位领导干部的审计监督，江苏烟草拓宽审计范围，探索构建“经济责任+绩效审计”的模式，推动非法人单位领导干部的经济责任审计的开展。

〔**关键词**〕非法人单位　经济责任　绩效　审计

一、研究的背景和意义

中共中央办公厅、国务院办公厅印发《党政主要领导干部和国有企业领导人员经济责任审计规定》，其中第三条规定“国有企业领导人员经济责任审计的对象包括国有和国有控股企业（含国有和国有控股金融企业）的法定代表人”。从这一规定可以看出，国有企业领导人经济责任审计的人员范围限定在企业法定代表人。

江苏烟草作为政企合一的中央企业，近年来不断深化体制改革，江苏烟草所属县级局（分公司）的企业法人资格已经取消，财务上不再独立核算，但其仍然承担本行政区域内国有资产保管和使用、卷烟市场营销、市场监管、行政许可、内部管理等重要职责。国家烟草专卖局姜成康局长也要求“要把加强对非法人实体的审计监督，作为一个重要的课题来研究”。

在新形势下，如何加强对非法人单位领导干部的审计监督，客观公正评价其业绩，是审计部门面临的一大难题。江苏烟草在实践中进一步深化经济责任审计内容，探索形成了“经济责任+绩效审计”的审计模式，较为有效地解决了这一难题。

二、绩效审计在非法人单位领导干部经济责任审计中的应用意义

（一）绩效审计是开展非法人单位领导干部经济责任审计的内在需要

法人单位领导干部经济责任审计，一般以财务收支审计为依托，主要侧重于对财务收支、经济指标、重大经济决策和领导干部廉洁自律等方面进行监督和评价，非法人单位一般实行预算管理下的财务报账制，而以财务收支为主线的经济责任审计模式已不能适应非法人单位领导干部经济责任审计需要。因此，引入绩效审计理念，来扩大经济责任审计的外延，丰富经济责任审计的内涵，符合非法人单位领导干部的经济责任审计的需要。

（二）绩效审计是强化对非法人单位领导干部监督的需要

绩效审计侧重对某一项目或系统的经济性、效率性、效果性进行检查和评价，而经济责任审计重在检查和评价领导干部任期内经济决策的合规性和效益性，重在评价领导干部的经济责任，两者结合，互为补充。在非法人单位领导干部经济责任审计中，运用绩效审计不仅对经济活动真实性、合法性进行监督和鉴证，还对领导干部所在单位的经营管理状况进行考查；不仅关注财务收支活动中有无违法违规问题，还关注资金使用是否节约，有无损失浪费；不仅检查决策机制的健全性、决策程序的规范性、决策内容的合法性，还检查决策事项的效益性、实施过程的效率性、实施结果的效果性等；不仅关注检查内部控制制度的健全性和有效性，还关注内部控制制度在完善管理、提高绩效等方面发挥的作用。通过对经济责任的全面绩效审计，能客观评价非法人单位领导干部履职情况，有利于强化对领导干部的审计监督。

三、非法人单位领导干部经济责任绩效审计模式的构建

在审计过程中，江苏烟草以绩效审计理念来重新界定审计思路，围绕着“三个问题”，探索基于绩效审计下的经济责任审计模式。

（一）拓宽审计内容，解决“审什么”的问题

开展非法人单位领导干部经济责任审计，本身是对经济责任审计范围的一种拓宽，针对非法人单位审计对象的特殊性，“审什么”是首先应解决的问题。江苏烟草开展的非法人领导干部经济责任审计内容一般包括决策质量，即对经济政策和重大经济事项的决策是否科学，是否富有成效或造成不经济；财务收支的效益性；企业经营管理的效益、效率、效果；承担社会责任的有效性。具体包括：

1．深入评审非法人单位内部控制

在执行审计业务时，首先对其内部控制进行测试，并据此确定审计工作的重点

范围、抽样规模以及审计程序。主要评价内控制度在需要控制的所有主要环节是否都建立了控制制度，内控制度的设置是否符合国家的有关法律、法规和制度的规定，制定的内控制度能否有效地防止违规违纪行为。

2．深入审查非法人单位经济工作目标任务完成状况

非法人单位领导干部任期各年度经济责任目标的完成与否，是对其进行考核和评价的重要依据。审计人员根据非法人单位领导干部职责，核实上级烟草部门下达的主要工作目标任务和各项财经指标的完成情况，查清有无弄虚作假、人为调节上报指标粉饰业绩的问题。通过对任期内逐年目标任务完成情况、与任职初期相比较的经济指标增减变化情况，客观公正地评价非法人单位领导干部任期内的工作业绩。

3．审查非法人单位的财务收支情况

江苏烟草非法人单位实行预算管理下的非独立财务核算体系，对其财务收支审计主要侧重于以下几方面：

一是审查任期内预算编报和执行情况。主要审查预算编报是否及时、真实、准确，有无虚列预算项目，骗取上级预算资金的情况；有无突破上级规定的开支范围和开支标准使用相关经费情况等问题。

二是审查任期内单位各项收入和支出管理情况。对各项收入的审计，审查任期内单位的各项收入是否纳入财务部门统一核算，有无收入不入账，转移、截留、隐瞒、坐支收入，甚至设置账外账和 “小金库”等问题。对各项支出的审计，主要是审查支出是否合规合法，有无违反规定提高开支标准、扩大开支范围，乱发奖金、津贴、补助和实物及挥霍浪费等问题。还特别关注专项资金的审计，重点审查烟草专卖打假经费的分配、使用、管理的真实、合法、合规性及效益性，查清打假经费支出是否按照批准的项目和用途使用，是否做到专款专用，有无挤占、挪用、虚列、转移等问题。

三是审查任期内行政罚没收入情况。主要审查县级烟草专卖局在履行政府行政职能时，卷烟罚没收入是否纳入财政专户存储，是否严格执行“收支两条线”规定；票据领购、管理、使用是否合规。

4．审查非法人单位资产负债情况

对任期内的资产审计，主要核实任职初期、任期内和离任时所在单位会计核算的各项资产是否真实、安全和完整。

一是审查任期内流动资产情况。主要审查现金和银行存款安全、完整情况；审查暂付款是否及时进行清理，有无长期拖欠情况。

二是审查任期内固定资产情况。主要审查任期内资产管理制度是否建立健全；对各项资产是否定期进行清理、盘点，资产增减变动手续是否齐备等。

三是审查任期内有无将国有资产转化为关联企业或个人所有。主要审查出租的国有资产取得的收入是否纳入单位收入账核算，是否按规定缴纳有关税费等。

四是审查非法人单位负债情况。主要核实任期内和离任时所在单位债务是否真实、合法、有效；查清有无因为无预算开支资金而未入账的债务，如外欠会议费、招待费、修理费等。

5．审计非法人单位重大经济决策

主要审查任期内重大经济活动、开支决策是否经过集体讨论，可行性分析及专家论证，有无未经集体讨论，擅自决策造成损失浪费、国有资产严重流失等重大经济问题，分清被审计领导干部应负的直接责任和主管责任。

6．审计非法人领导干部个人经济行为

审查领导干部及所在单位依法履行职权过程中所决策、实施的重大经济事项及宏观经济活动的合法、合规、效益性的同时，审计其个人有无滥用职权，有无超越职权决策、盲目决策和个人武断决策；检查其个人收入的合法、合规性，核查有无侵占、挪用公款公物等行为。评价领导干部任期内是否严格执行国家的各种廉洁纪律和国家财经法纪的规定。

（二）转变审计方法，解决“怎么审”的问题

江苏烟草在绩效审计目标的引领下，主要从三方面解决“怎么审”的问题。

1．整合内外部审计资源

江苏烟草以审计项目为单位，以内部审计人员为主导，合理借助中介机构人员，发挥其专业技能，有效解决经济责任审计过程中绩效审计遇到的技术性难题，充分发挥审计组的整体优势。

2．多个监督部门联动

实施经济责任绩效审计过程中，牵涉到非法人单位经营管理的各个领域，很多问题仅依靠审计手段是无法发现或无法处理的，所以审计部门一般与人事、监察等职能部门联动，共同参与项目，形成监督合力，以保证审计成果的质量。

3．多种审计程序并举

在审计实施过程中，不仅采用查阅账簿、审阅资料、实地查验、询问调查等传统的审计程序，还运用经济活动分析、数量分析、技术经济论证、统计及非统计抽样等科学分析方法，并通过调查问卷、实地观察、座谈等方式，合理确定审计重点和抽查范围。同时，采取定量和定性分析结合、财务数据和业务数据结合等方法，以提高审计监督的覆盖面。

（三）完善评价体系，解决“怎样评”的问题

江苏烟草在非法人单位领导干部的经济责任审计中，初步建立绩效评价体系，逐步解决“怎样评”的问题。主要从以下几方面着手：

1．确立绩效评价的原则

一是实事求是原则。绩效评价围绕审计的内容和所取得的审计证据，以可靠的数据和客观事实为依据。避免以偏概全，以点带面，不用个别的事实或几项指标去评价被审计领导干部履行经济责任的整体情况。

二是客观公正原则。绩效评价应当客观公正，保持审计人员的独立性，不附加任何主观成分，按照客观事物的本来面貌，以写实和量化的方法描述事实，对被审计领导干部的工作成绩既予以肯定，又要指出存在的主要问题及应承担何种经济责任。

三是重要性原则。绩效评价要突出重点，着重评价与履行经济责任有重要影响的经济事项，一般依据经济事项的性质和数额的大小来选择评价的重点。

四是谨慎性原则。绩效评价要持稳健、谨慎态度，坚持审计什么就评价什么，未经审计的事项不作评价。在真实性方面一般用真实、基本真实、不真实；在合法性方面，一般用合法、基本合法、不合法；在效益性方面一般用取得较好效益、效益一般、没有取得效益等语句。

2．明确绩效评价的内容

在经济责任审计评价过程中，客观描述审计事项的结果，反映领导干部任职期间的工作业绩和问题，分析列举领导干部任职期间为企业发展所采取重大措施，并评估领导干部所采取的措施的实施结果。应依据审计方案确定的审计内容，审计什么评价什么，没有审计的不做评价。

3．细化绩效评价的程序

一是按照审计方案确定的审计内容，分类整理审计证据和证明材料。如：决策类、财务收支类、执行财经法规类、经营管理业绩类、廉政类等。

二是确立经济责任评价标准。标准是国家有关部门制定的，上级制定下达的。审计部门的责任是，要收集有关的法律法规、规章和政策、制度；被审计干部的上级制定下达的经济发展计划指标和制度规定；行业的平均指标水平；被审计干部同上级签订的经济责任状或合同书等。在收集的基础上，确立哪些是同审计内容有关的标准，并以此用来作为评价干部履行经济责任的评价的标准。

三是选定评价方法，对被审计领导干部履行经济责任的情况进行评价，做出结论。

四是审计组集体讨论绩效评价结论，写入审计报告征求意见稿中；征求被审计领导干部和所在单位的意见，审计组根据被审计领导干部和所在单位的意见进行研究，保留或修改评价意见；重大事项报领导干部任期经济责任审计联席会议讨论决定。

4．制定绩效评价指标

江苏烟草非法人单位领导干部经济责任审计中，常用的绩效考核指标一般包括：

一是市场营销方面：卷烟销售总量、不同结构卷烟销量、重点品牌卷烟销量、品牌培育、客户服务满意度等。

二是市场监管方面：卷烟市场净化率、罚没卷烟数量、罚没卷烟金额、行政许可审批满意度、侦破符合国家标准的网络案件的数量等。

三是经济指标方面：卷烟销售收入、销售结构、费用总额、费用水平、劳动生产率等。

四是企业内部管理方面：决策管理效能、行政执法能力、内部控制、节能降耗等。

四、完善非法人单位领导干部经济责任绩效审计的思路

（一）完善评价指标体系

评价指标体系的建立和完善，需在审计实践中不断总结，随着企业不同时期的工作任务，绩效评价标准也应适时调整；绩效评价指标体系宜简不宜繁；评价指标应尽量是通用的，而非专业的，应尽量是实际产生的，而非理论数值，应是重大关键性指标，而非大而全指标体系。

（二）规避审计风险

绩效评价，是非法人单位经济责任审计风险的聚集地。对于一个审计项目来说，如果是对一个复杂的或政治敏锐性较强的项目进行审计，原始证据很少，相关利益主体很难提供证明，那么该项目的审计风险就比较高，审计人员应当采用风险基础法来制订审计方案，合理确定审计时间、成本预算和资源需求，且坚持审计什么内容，评价什么绩效。

（三）提升人员素质

审计人员应树立绩效审计理念，注重绩效分析与绩效评价在经济责任审计过程中的运用；审计人员应注重知识更新，不仅要掌握会计、审计、税务以及相关的法律法规，而且要具备人力资源管理、工程管理、计算机技术、环保、数学等其他学科的知识，并积极参与实践，逐步提高专业水平。

参考文献：

[1] 冯来强. 经济责任审计与绩效审计比较研究[J]. 吉首大学学报（社会科学版），2007（03）.

[2] 冯英俊. 黄金枝. 绩效审计与管理审计[J]. 哈尔滨工业大学学报，2006（03）.

[3] 宋柳. 公共受托经济责任与政府绩效审计[J]. 时代经贸（理论版），2007（01）.

[4] 程秦豫[J]. 引入绩效审计理念，深化经济责任审计，促进绩效审计与经济责任审计相结合[J]. 上海审计，2009（01）.

[5] 李硕. 浅析经济责任审计的内容与重点[A]. 山东省审计科研所.

风险导向审计在医院内部审计中的应用

关　丽

镇江市第一人民医院

〔**摘要**〕随着医疗体制改革的不断深入，医院内部审计工作发展也面临着新的课题。客观分析研究医院实施风险导向内部审计的现实意义，科学合理地提出风险导向内部审计在医院应用中需要注意的问题，有针对性地提出风险导向内部审计在医院的实践内容，对促进当前医院健康快速发展有着重要的现实意义。

〔**关键词**〕内部审计　意义　风险导向　应用

一、医院开展风险导向内部审计的意义

现代风险导向审计是在账项基础审计和制度基础审计上发展起来的一种新审计模式，是指审计人员在对被审计单位的内部控制充分了解和评价的基础上，判断、分析被审计单位的风险所在及其风险程度，通过审计风险模型对风险进行量化，把审计资源集中于高风险领域的审计模式。风险导向审计除了关注会计报表项目自身的风险外，还十分关注管理者及其经营管理行为可能出现的决策风险和经营风险。

随着我国医疗体制改革的不断深入，医疗资源配置的市场化运行，经营管理活动已经渗透到医院管理的方方面面，如向银行贷款、门（急）诊大楼建设、院区维修改造、教学科研仪器设备采购、信息化建设、后勤社会化等，由此带来的筹资风险、制度执行风险、投资决策风险、财务风险和市场风险等也相应加大。风险与机遇并存，面对风险的关键在于能否正确预测风险，妥善回避风险，及时化解风险。现代风险导向内部审计正是以风险为核心及出发点的内部审计，能够将事后的反馈延伸至事前、事中，实现高效率的控制。现代风险导向内部审计的开展对医院经营管理具有重要意义：

（一）进一步完善医院内部控制体系

风险导向内部审计是将风险管理、医院治理和内部控制融于一体的综合审计。内部控制是风险导向审计评估、控制医院风险的基础。审计人员在整个审计过程中，坚持“自上而下，自下而上，风险基础”的理念，自始至终关注医院风险，通过评估医院重要业务流程及各项重大经营活动风险，针对评估结果采取适当的控制活

动，最终测试医院建立的内部控制制度是否对风险的管理控制切实有效。以达到风险评估和改善的最终目标。从而使医院防患于未然，提高核心竞争力，在行业竞争中取得优势地位。

（二）审计重心前移，为医院提供增值服务

医院风险导向审计更加关注医院治理、发展过程中面临的风险和医院为降低风险所进行的一系列管理活动。现代风险导向审计将审计重心前移，审计人员不仅要对控制风险进行评价，而且要对产生风险的各个环节进行评价，从而实现事前、事中、事后全过程审计，有效防范经营风险，增加医院价值。

（三）提高医院内部审计工作效率，降低审计风险

风险导向审计为医院提供了一种既能降低审计风险又能提高审计效率的新思路。它要求在评价医院的控制环境、考虑财务报告发生重大错报风险的基础上建立审计目标，然后根据审计目标确定实施审计的范围，以避免低风险审计项目的审计过量和高风险审计领域的审计不足的问题。

二、风险导向审计应用于医院首先要解决的问题

风险导向内部审计是应对经济环境的发展与审计目标的变化产生的一种全新的审计理念，是内部控制的基本组成部分。内部审计作为医院的内部管理部门，应当成为医院风险管理的有效组成部分，从医院治理目标的角度来评估与改善风险，推行风险导向内部审计。同时内部审计人员熟悉医院业务并能深入到经营管理的全过程了解掌握具体情况，收集第一手资料，从中发现存在的风险，进行分析判断。虽然审计人员在风险管理中具有上述得天独厚的条件，但是要想较好地实施风险导向内部审计来控制医院风险，首先还要先解决以下问题：

（一）医院领导重视

随着我国医院经营规模的不断扩大，经营活动日趋复杂，加强和完善医院经济管理，充分利用现有的卫生资源，发挥医院内部各类人、财、物的作用，是提高医院综合效益的根本途径。医院领导重视并加强医院内部审计工作，使其有机地融入医院的管理体系中，真正担负起管理、监控的双重责任是促进医院规范化、科学化经营，提高医院整体管理水平的有力保障。

（二）明确审计定位，充分发挥审计作用

思想认识程度直接影响风险导向审计实施的效果和力度。内部审计人员作为实施者，首先要转变工作思路，重新定位内部审计职能，明确内部审计以满足内部管理需要，促进管理目标实现，维护医院合法权益为目标。内部审计应发挥参谋与助手的作用、建设的作用、保护的作用和协调的作用。在实践中更多考虑医院流程风

险、管理风险，站在风险的高度观察经济业务的发展过程，及时揭露潜在风险并提出防范和控制建议。

（三）建立体现医院特色的风险管理评估体系

风险管理评估体系是风险导向审计在医院内有效实施的基础，医院风险管理部门和内部审计部门应充分运用现代医院管理理论，借鉴国内外企业风险评估方面的先进经验，结合医院经营管理特点，对各环节及流程包括资金管理、设备、人员、环境等可能存在的风险因素进行分析和辨识，对各种风险因素导致的可能性和严重程度进行研究，从而制订出内容翔实、切合实际、可操作性强的医院风险管理评估标准。促进医院风险评估工作深入开展，全面提升风险管理整体水平，提高审计工作质量和效率。

（四）充分运用计算机审计技术

当前，许多医院已经实现了医院信息系统管理，医院信息系统的有效运行，不仅大大提高了医院各项工作的效率和质量，减轻了日常事务处理人员的劳动强度，而且在辅助医院管理、辅助高层领导决策等方面起到了重要作用。医院信息化管理形成了以计算机网络为中心的业务处理系统，数据集中程度较高。医院内部审计应加快信息化建设，构筑审计信息平台，通过运用现代审计技术推进风险导向审计与非现场审计有机结合，提高内部审计的质量和效率。

（五）强化审计人员的职业素质，建立适应风险导向审计的复合型队伍

风险导向审计要求审计人员对业务领域、管理领域等进行全面分析，对风险做出合理的专业判断，确定审计的范围、重点、审计目标和相关审计程序，通过实质性测试的结果，结合重要性判断来确定基层央行整体风险并最终形成审计意见。风险导向审计对审计人员专业水平和职业道德提出新的更高要求，必须全力提升内部审计人员的综合素质，选拔业务全面、品质高、能力强的人员担任内部审计工作；要加大内审人员内审理论与实务知识的培训力度，全面提升审计人员财会、审计、金融和信息技术等方面的专业知识，逐步建立起一支具有现代知识素养和职业道德水准内部审计队伍。

三、风险导向审计在医院内部审计中的应用

现代风险导向内部审计作为一种崭新的审计模式，适应了当前医院发展的需要。医院审计应坚持“以医疗活动为中心，以风险为基础，突出审计重点，求深度、求质量、求实效”为指导思想，努力探索开展风险导向审计的工作模式，从事后审计转向事前、事中审计，在防范风险，完善内控，规范管理等方面发挥积极的作用。审计工作中始终贯穿风险理念，采取动态的评价模式，把审计起点放在关注医院发展战略和识别管理流程和业务流程的风险上，通过高质量的审计工作为促进医院科

学管理，提高医院社会效益和经济效益发挥了重要作用：

（一）以减轻病人负担、降本增效为目的，做好物资采购风险导向审计

随着医院规模不断扩大，医疗护理、设备、后勤、基建使用的材料物资、备品备件的采购数量和金额也在增加，采购环境的复杂多变使得物资采购存在众多风险，为控制医疗成本费用，减轻病人负担，医院应积极开展物资采购风险导向审计。首先，医院应依照科学有效、公开公正、监督制约的原则，建立健全各项物资采购管理制度，如《物资招投标管理办法》、《物资采购管理办法》、《物资价格调整管理办法》等内部控制制度，做到审计有章可循、操作规范。

物资采购风险导向审计过程中，审计人员在物资采购市场、物资采购计划、合同签订环节、合同执行环节、财务结算环节中要针对不同的经济行为进行风险识别，坚持“比质在先，比价在后”的基本原则，实行事前、事中、事后的全过程控制，着重把好商品渠道关、价格关、折扣关和质量关，通过对采购比价控制制度审计、采购计划审计、采购比价过程审计、采购合同条款审计、合同执行与结算情况审计，为医院降低采购成本、有效减轻病人的负担、促进增收节支、获取良好社会效益和经济效益发挥重要作用。

（二）将风险管理融入工程项目审计中，实施动态、全过程基建项目审计

建设项目具有投资大、风险大、不可逆转的特点，加强基建工程项目投资审计，对保证工程投资的效益性具有十分重要的意义。医院审计应本着关口前移，预防为主的原则加大工程审计力度，对重大工程项目实施全过程跟踪审计，从设计、立项、施工、验收全过程参与，开展事前、事中、事后动态审计。一是在制订年度审计计划时，对重点工程和重点项目，优先安排风险导向内部控制制度审计，规范各项管理行为；二是合理使用审计资源，将重大工程项目的跟踪审计、工程竣工结算审计和财务竣工决算，委托给社会中介机构审计，并对审计进展情况进行跟踪调查，对社会中介机构审计人员加强管理，规避因内部审计人员技术力量不足和社会中介机构审计人员职业操守淡化而带来的审计风险，起到提高基建项目审计的时效性和效益性，有效控制工程造价，完善建设项目管理，提高投资效益的作用；三是拓宽审计领域，在基建项目审计过程中，以资金为主线，以风险为基础，做到基建项目审计与内部控制制度审计、经济合同审计、财务收支审计的有机结合，把好基建合同审计关，工程决算审计关和财务决算审计关，实现投资领域的全面审计。

风险导向工程项目审计的全面有效开展，能够保证竣工资产的及时入账，及时反映工程建设规模和建设速度，反映投资规模、工程造价的实际情况，提高投资效益。

（三）广泛开展临床科室效益审计，促进医院增值增效

为了适应医疗市场竞争日趋激烈的新形势，医院只有降低成本，提高资源利用率，才能增强其竞争力。临床科室是医院实现功能的基本单元，其运营和发展是医院生存和发展的关键。审计人员可在临床科室医疗资源、后勤物资使用、科室经营成本等方面识别潜在风险，针对经济管理中的薄弱环节提出建议，帮助临床科室寻找挖掘内部潜力的途径。从临床科室成本费用管理风险和科室预算管理风险着手，关注成本核算单元的划分、卫生材料消耗定额是否合理，关注预算编制依据的合理性，执行的有效性、分析的科学性和及时性。同时审计人员可采用全成本核算法进行医疗项目和单病种成本核算、效益分析，把科室经济管理的重点从传统的事后算账转移到事前预测和控制上来，切实使临床科室人员在医疗服务过程中加强了成本核算的观念，并自觉培养开源节流，降低消耗的良好习惯，促进医院增值增效。

（四）深入开展以风险为导向的内部控制制度审计，增强医院制度执行力

内部控制作为医院管理活动自我调节和自我约束的内在机制，与医院的发展如影随形，始终贯穿与管理和经营的全过程。医院风险导向内部控制制度审计的审计范围可涉及资金管理、药品管理、医疗设备管理、后勤物资管理、合同管理等方面，分析、确认、揭示各流程的关键风险点，并据之确定相应的控制评价标准，深入剖析和客观评价内部控制流程。使医院领导及时了解了医院资金、固定资产、药品等方面的管理现状，对存在问题及薄弱环节提出有前瞻性的意见和建议，使问题及时得以有效控制，对可能存在的风险进行超前防范。

（五）开展风险导向后续审计，巩固和扩大审计成果，促进审计成果的最大化

审计意见和建议是否落实，能否转化为审计单位加强管理提高效益的实际行动，是审计能否带来实效的关键。医院审计科应将后续审计列为一项重要内容纳入年度工作计划，实现后续审计“常态化”，坚持风险导向和成本效益原则，以风险程度为重要依据，确定后续审计的范围。力求审计一个项目，规范一类工作，最大限度地发挥审计的作用。

参考文献：

[1] 国际内部审计师协会. 内部审计实务标准（第一版）[M]. 北京：中国时代经济出版社，2002.

[2] 王小霞，孙坤，张宜霞. 论风险导向的内部审计理论与实务[J]. 审计研究，2004（2）.

[3] 蔡春，赵莎. 现代风险导向审计论[M]. 北京：中国时代经济出版社，2006.

内部审计在企业开展采购内部控制评价的实践

尹红旗

湖南华菱湘潭钢铁有限公司

〔**摘要**〕本文以物资采购流程内部控制制度各关键控制点为重点，对采购流程内部控制制度的健全性、完整性以及执行情况进行审计评价，找出问题并提出管理建议。

〔**关键字**〕内部审计　物资采购　内部控制评价

企业内部控制评价实质上就是检查和评价企业用于确保生产经营目标得以实现的流程、规章制度的合理性以及流程、制度实际遵循的程度，为改进内部控制提供有价值的建议。内部审计通过评价企业内部控制的效果和效率，促进企业内部控制不断完善，帮助企业实现保值增值目标。

湘钢内部审计将本企业物资采购流程、制度作为重点长期关注，坚持定期对采购环节各关键控制点内部控制制度的健全性、有效性进行测试评价，并针对查找的控制弱点、盲点提出管理建议，促进采购环节管理水平不断提高。

一、物资采购环节关键控制点

物资采购流程关键控制点主要包括：采购计划与采购申请的审批；组织机构设置、人员岗位责任分工和业务授权审批；物资采购招标、采购合同的签订、到货验收、应付款的确认及付款审批等。

1．申报计划依据的充分、适当性控制。生产部门及使用单位根据生产计划、检修计划及采购周期准确申报计划量，防止使用单位在成本考核指标宽松时多报、考核指标紧张时少报或不报；采购部计划室根据库存量、在途量及全公司平衡库存后进行认真审核审批，正确确定采购量，同时在申报计划过程中，重点关注物料增、补编码和紧急采购、独家采购计划申报、审批。要求物料增、补编码严格执行《物料“增补编码”审核管理办法》，特别是对现有设备进行改造更新的新设备、备品备件、材料（替换原有物料）的增补编码申请，由采购部初审，报市场部的技术标准委员会审查。要求紧急采购申请必须经公司领导批示或公司专题会议纪要（公司领导主持的会议）明确，要求独家采购申请必须是设备、生产使用有特殊要求或无图非标准备件及专利技术产品，并经相关职能部门审核后进独家采购目录，目录外的独家采购是否经过公司主管领导审批。采购计划量要确保既不影响生产，又能保证合理库存。

2．不相容职务相互分离控制。

① 请购与审批。采购计划申请由各二级使用单位提出，采购部计划室负责审批。

② 询价与确定供应商。公司由市场部负责询价，每年组织设备管理部、监察审计部、管理创新部、采购部、能源环保部、安全管理部对合格供应商进行评审，确定合格供应商名册，采购部根据公司合格供应商名册进行选择，且采购金额在 5 万元以上均经过招标中心进行招投标后，从中标单位采购，100 万元以上须经公司总经理批准。

③ 采购合同的订立与审订。采购金额在 5 万元以下的由采购部组织招议标后经部门主管审批，采购人员依据中标结果与供应商签订合同，线外采购由监察审计部对合同的价格、真实性及合规性进行审核、监督。

④ 采购实施、验收与相关会计记录。采购部实施采购业务，财务部负责制定采购资金预算和使用规范，质检部门负责对品种、规格、质量进行检验，出具检验、计量报告，仓库保管人员负责根据采购订单、合同、检验报告单、发票进行入库，财务部采购业务会计室负责对采购物料的成本记录、验收商品的历史成本信息等采购经济活动进行管理和会计核算。

⑤ 付款审批与付款执行。付款流程先由采购人员填制供应商到期应付款申请单，采购部门主管进行审核，财务主管审批，出纳进行付款，结算会计根据采购订单、合同、发票、检验单、入库单进行核对记账，稽核会计不定期进行核查。100 万元以上的采购业务、预付账款和订金必须经公司总会计师审批。

3．计划审批和授权控制。对计划审批权限实行分级管理，逐级授权，并建立专人复核制度。使用单位提交物资采购计划前，经过申报单位主管审核批准后才能从 ERP 创建计划申请，采购部计划室经过专门审核人认真审核后，汇总平衡确定请购计划，系统内生成请购单，对专业性较强的采购由公司技术标准委员会审批、紧急采购和独家采购必须经过公司主管经理审批。

4．组织招（议）标过程的控制，监控防范投标商恶意围标、串标。公司招（议）标由管理创新部招标中心组织，邀请的投标商必须在合格供应商名册内（否则，报公司主管经理批准），其经营范围、能力符合本次招标要求，投标商有良好的商业信誉。参与评标的投标商应在同等档次，且至少有 3 家以上。评标人员在招标前从专家信息库随机抽取，其人数应占评标小组 2/3 以上。对中标采购合同的履行情况监察审计部进行抽查跟踪检查，发现异常及时反查评标过程。

5．合同签订过程中的内部控制。采购人员签订合同要依据中标通知书或议标结果通知书进行，且经相关部门和主管领导审核、批准。合同由法定代表人或由其授权委托的代理人签订。由委托代理人签订的合同，必须有“法定代表人授权委托书”，严禁在没有取得委托授权的情况下对外签订合同，以保证合同的主体合规。合同的内容、金额应与中标通知书一致，并经公司法律顾问室审核，保证合同内容、要素齐全，合法合规。合同必须实行统一编号，合同资料应当在合同履行完毕后30日内系统整理装订归档。

6．订单执行率控制。主要是跟踪材料、备件按期到货率。要求材料到货率不低于90%，备件到货率不低于72%。主要由公司管理创新部进行日常控制，列入月度考核。

7．到厂物资数量和质量检验控制。原燃料由产销系统自动接收，要求原燃料均衡到达，控制标准为：大类库存量超合理库存上限，且五日均衡到达系统超出1.2、大类库存低于合理库存下限，且五日均衡到达系数低于0.8均不予接收；原燃料质量判定时限为全部检验结果录入后一个工作日做判定，其标准为：炼焦煤灰分大于12.5%、喷吹煤灰分大于14.5%、外购焦灰分大于14.5%、精品矿品位低于60%均为异常，须进行分析并重新检测，或通过质量仲裁进行扣款。材料备件要求检验员依据采购合同约定和技术协议，对送货清单、产品质量合格证、装箱单（磅单）等资料及数量的一致性进行验证无误后，对物料外观品质、品牌进行确认。

8．货款结算与支付控制。国内原燃料采购除重点、战略供应商在货到验收后付款外，其他供应商原则上在取得发票入账后一个月安排付款，不得支付预付款。国内原燃料预付款发票核销期不超过45天（核销期指ERP系统内录入预付款发票到核销预付款发票之间的期限）。100万元以下的设备采购合同，不支付预付款；100万元以上的设备采购合同，预付款不得超过合同总额的20%～30%，设备到厂验收合格后支付到合同总额的60%，设备到厂安装合格，取得供方开出的发票并入账后安排付款，最多付合同总额的90%，余额10%为质量保证金，保质期满后安排支付，特殊情况需经主管副总经理和总会计师双签字后方可支付。对外支出检修费、劳务费，原则上滞后1个月。

二、对公司采购环节内部控制评价

内部审计人员针对以上采购环节中主要关键控制点的规章制度及执行情况进行一系列查阅、评审，采用调查问卷法、流程图法、穿行测试法等方法，从物流、信息流、资金流三条主线，了解其在实际运行阶段是否得到有效执行。通过对采购环节内部控制制度进行符合性测试和实质性测试后，对采购内部控制运行情况评价如下：

1．从内部控制制度设计来看，采购环节内部控制制度比较健全。采购环节内部控制制度包括物资需求计划预算管理制度、招（议）标管理制度、供方管理实施细则，供应商、经销商和工程施工单位实行黑名单制度的暂行规定等20多个。从本次审计对内部控制制度调查结果来看，仅有少数疏漏需进一步完善，如：对系统外物资采购计划申报资料如何管理，紧急采购、独家采购纸质报告等资料的整理和保管没有做具体规定；合同文本中没有对供应商不按期交货所造成的损失进行责任追究制度；个别文件制度条款的不具可操作性，没有及时更新。

2．从内部控制制度执行情况来看，大部分内部控制制度执行得较好，特别是关键控制点上，大部分人员均能按照规章制度执行，做到了流程唯一、责任唯一，工作认真负责，不相容的职务均实行了分离，公司正常采购流程是建立在信息平台上的在线管理模式，系统内的日常监控由公司管理创新部负责，且监控比较到位，每月根据发现的问题对责任单位进行考核；内部审计定期与不定期地对物资采购管理流程、合格供方评审、物资库存以及超储积压物资等进行了离线审计。从内部审计对采购流程内部控制进行的符合性测试和实质性测试结果来看，公司内部控制制度执行上还存在管理不到位的情况，主要在如下几点：

① 物资订购数量有时控制不严。特别是在主体设备技术改造生产工艺调整、机构人员变动、检修计划变更及对进口设备备件进行国产化期间，物资采购计划预见性不强，未及时调整采购计划，导致计划量不精确，造成部分物资库存积压。

② 物资管理部门为了完成库存控制指标，个别人员将已到货验收物资，人为控制在系统内不做入库（特别是在交货期延迟的情况下），待使用单位领用时采取“一进一出”的方式。

③ 部分非正常采购（系统外进行的），均要求经相关部门和领导审批，计划的申报、审批及招（议）标、合同的签订、物资验收入库等均有明确管理规定的情况下，有关人员执行制度的意识不强，存在执行不到位问题，内部控制制度执行力须要进一步加强。比如有的未按流程规定履行审批程序，没有按文件规定及时办理相关手续，导致紧急采购的物资早已使用，但相关计划、入库、出库手续没有按文件规定的时限内补办手续。

④ 部分采购合同的交货期没有履行，特别是进口备品备件。供应商不按合同约定的交货期限交货，直接影响到生产的连续性，第一，存在“断料停工”的风险；第二，导致库存积压占用了资金；第三，还带来采购周期延长，导致使用单位提前申报计划等恶性循环。

⑤ 物料编码维护部门没有按照物料编码增补流程进行维护，使得同一物料因

描述不一致而存在2个以上编码，致使某些不法供应商有机可乘，存在较大的风险。

三、管理建议

1．加强计划的预见性，进一步提高计划的控制力度。要树立全局观念，增加部门及相关人员之间的沟通，充分利用价值分析工具进行功能分析，按照“流程唯一，责任唯一”的原则，努力提高流程运行效率。加强对各个环节及工作流程的细化管理，把细节做绝，保证采购流程规范、有序地形成良性的闭环管理，确保使用单位所报物资计划的准确性。

2．在执行采购流程过程中，要不断强化关键流程中责任人内部控制意识和控制职能，构建一个持续改进、不断完善、控制有效、相互激励、相互制约、相互监督、相互竞争的管理控制环境，发扬“善于学习，不断创新，争创一流”的湘钢精神，为完善内部控制制度、提升管理水平创造条件。

3．牢固树立“湘钢发展，我的责任”的责任意识，“永远如履薄冰，永远如临深渊”的危机意识，培养全体员工爱厂爱岗潜在意识，增强工作责任心，使全体员工积极主动维护公司利益和有效地执行内部控制制度，为内部控制制度的实施提供保证。

4．增强合同执行情况监督，做好供应商年度评审。供应商必须按合同条款履行责任，合同履行情况应作为供应商评定的依据，对交货期延迟的供应商将其信用等级降低，调减下一年度合同量直至取消合格供应商资格，提高到货及时率，推动精益求精、精细管理，不断降低采购成本，节约资金成本，减少资金占用。

5．加强内部控制审计，及时发现内部控制系统存在的薄弱环节，揭示潜在风险，提出可行的改进意见和合理的管理建议，从而保障内部控制系统健康有效的运行，保证公司正常运营生产，确保公司生产经营目标的实现。

专项审计调查的困境与出路[①]

——基层审计机关开展专项审计调查实践的反思

凌传芳　吴　健　孙　勇　唐艳芳等

宿州市审计局

〔**摘要**〕专项审计调查是基层审计实践中的重要一环，其作用和地位日益凸显。本文基于某市基层审计机关开展专项审计调查的实践，考察了目前专项审计调查工作面临的诸如计划性、前瞻性不够、质量控制不严、成果利用不充分等六个方面的困境；并进一步分析了其深层次的原因；最后从积极宣传专项审计调查的特色和有效性、有效整合专项审计调查人才资源、创新审计调查方法等方面探讨了解决专项审计调查困境的构想。

〔**关键词**〕专项审计调查　实践　困境　对策建议

近年来，专项审计调查这一特殊的审计方式，在实践中得到了广泛应用，从中央到地方，每年安排和实施的审计项目与专项审计调查项目的数量都在发生着微妙的变化，与之相应的专项审计调查制度规范也在不断完善和健全。基层审计机关在审计实践的过程中，分析审计部门开展专项审计调查的现状及困境，无疑将对促进基层审计机关把握规律、高效开展专项审计调查工作具有十分重要的现实意义。本文结合宿州市审计机关近3年来开展专项审计调查的实践，对专项审计调查工作中面临的难题进行了初步探讨，并尝试提出了一些改进的构想。

一、专项审计调查的定位与现实意义

（一）专项审计调查的定位

专项审计调查是指审计部门对一个行业、一个系统或者一个经济侧面所存在的流弊，或为弄清某一经济问题，进行比较全面详细考察了解的活动（《中国审计大辞典》）。

---

① 本文为宿州市审计局课题组“专项审计调查”课题研究的阶段性成果之一。

1994年8月31日，第八届全国人民代表大会常务委员会第九次会议审议通过的《审计法》第二十七条规定："审计机关有权对与国家财政收支有关的特定事项，向有关地方、部门、单位进行专项审计调查，并向本级人民政府和上一级审计机关报告审计调查结果"，这是对专项审计调查的第一次法律定位。

1996年12月16日发布的《审计机关专项审计调查实施办法》（审法发〔1996〕361号），第一次以法令的形式对专项审计调查的内容、程序、方法等进行了规范（目前已废止）。

2001年8月，审计署3号令发布了《审计机关专项审计调查准则》，将专项审计调查的内容扩展为：国家财政收支有关或者本级人民政府交办的特定事项，并对"专项审计调查实施办法"中规定的程序、调查对象、方式方法进行了完善和细化。

审计署在《2006至2010年审计工作发展规划》中指出："坚持审计与专项审计调查并重，每年开展的专项审计调查项目占整个项目的一半左右。重点调查国家政策法规执行中存在的问题和重大决策的落实情况，关注财政资金使用效益和涉及群众切身利益的突出问题，促进国家相关政策制度的落实和完善。"

2010年2月11日，修订后的《中华人民共和国审计法实施条例》（国务院第571号令）第二十三条规定："审计机关可以依照审计法和本条例规定的审计程序、方法以及国家其他有关规定，对预算管理或者国有资产管理使用等与国家财政收支有关的特定事项，向有关地方、部门、单位进行专项审计调查。"再一次明确了专项审计调查的突出地位。

综上所述，专项审计调查的主要定位旨在从政策、体制和制度角度分析研究问题，提出建设性意见，为各级党委、政府宏观决策服务。

（二）开展专项审计调查的现实意义

1. 专项审计调查能充分发挥审计监督在促进宏观决策方面的作用。当前，我国正处于经济体制转轨、社会体制转型的特定历史时期。经济工作中存在的许多问题，是涉及改革发展的带有体制性的深层次问题，不能一概以对错评论之，或简单对待这些问题。这些问题，一般的审计方法有时难以适应，定性处理也不好掌握。而应更多采用专项审计调查的方式，其立足点在于为领导层的决策和政策法规的完善提供依据，对经济生活中存在的大量合理不合法的事项不处理但如实予以反映。最近几年，审计署统一组织的审计项目绝大多数采用了审计调查的方式，并收到了比较好的效果。虽然从微观层面看，审计调查的方式使审计收缴、归还原渠道的资金量大为减少，似乎削弱了审计的力度，然而宏观层面表明，通过审计调查把揭露问题与从体制上、机制上深入分析原因结合起来，更有助于领导的科学决策和政策法规的完善。

2．专项审计调查可以集中深刻地反映经济生活中的突出问题。应该说，审计与专项审计调查各有侧重点和特点。审计主要是针对各个具体的项目和单位，突出“摸清家底”，进而揭露问题，促进各单位自身加强管理，具有很强的微观性；而专项审计调查在很多情况下针对的是改革和经济生活中某一方面带有普遍性、苗头性、潜在性的突出问题，也就是通常所说的“重点”、“难点”、“热点”问题，直接为领导的决策提供服务，具有相当的宏观性，可以集中深刻地反映经济生活中的突出问题。如：2009 年，宿州市面向社会进行审计结果公告的四个项目均为专项审计调查项目，取得了很大的社会反响。

3．专项审计调查可以更好地提高审计工作的质量和水平。专项审计调查能更有效地扩大审计监督面，缓解任务重、人手少的突出矛盾，为日常审计（包括行政事业审计、经济责任审计、投资审计等）提供基础性信息，减少审前调查，使审计项目计划的制订更具针对性、科学性，更有利于审计工作重点的准确把握。开展专项审计调查，必须具有全局观念，善于把握总体概念，注重审计成果的加工提炼，通过专项审计调查实践，更有利于提高审计人员的综合水平，培养复合型人才，更好地提高审计工作的质量和水平。另外，随着时代的发展，政府职能由管理向服务的转变，作为政府组成部门的审计，也应该形成与被审计单位互动的良性循环局面。通过审计调查，从体制上、机制上提出有益于被审计单位的建议或者通过审计的呼吁，帮助被审计单位解决实际困难，而不仅仅是处理处罚，这些措施更会受到被审计单位的欢迎，从而形成审计与被审计单位的良性互动。

二、基层审计机关开展审计调查的实践：成果与困境

（一）宿州市开展专项审计调查成果综述

2007 年以来，宿州市审计局共开展审计调查项目 87 项，其中：2007 年 12 项，2008 年 35 项，2009 年 40 项，专项审计调查项目的数量保持逐年递增的趋势（见图 1）。

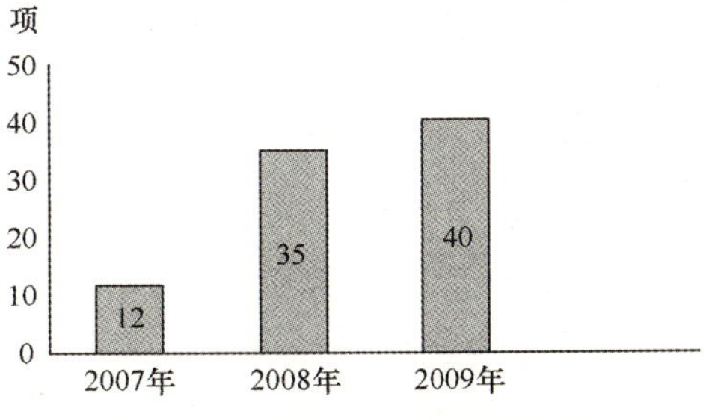

图 1　专项审计调查项目数量

1．在这 87 项专项审计调查中，按照项目来源分：本级政府安排项目为 6 项，

占 6.9%；省厅年初计划安排项目 65 项，占 74.7%；自行安排项目 16 项，占 18.4%。按照调查方式分：结合审计项目开展的审计调查 34 项，占 39.1%；独立开展的审计调查 53 项，占 60.9%。按照调查对象分：以单位为载体开展的专项审计调查 13 项，占 15%；以资金为载体开展的专项审计调查 39 项，占 45%；以项目为载体开展的专项审计调查 23 项，占 26%；以政策为载体开展的专项审计调查 12 项，占 14%。（见图 2）

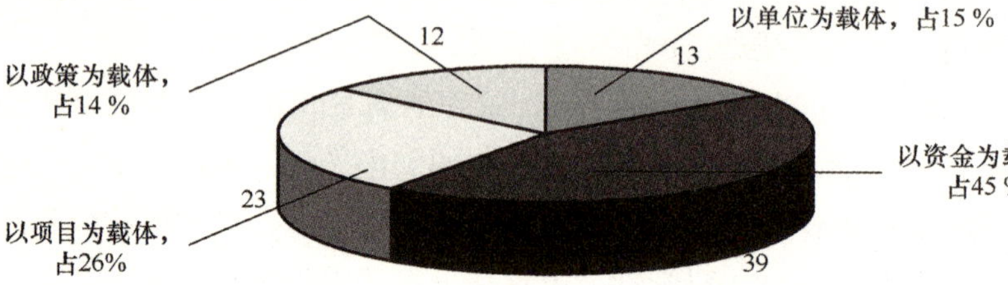

图 2

宿州市审计局 2009 年度对市委党校教育收费等情况开展了审计（调查），该项目为审计与专项审计调查相结合，取得了显著成效。审计报告引起了市委领导的高度重视，市委常委、常务副市长作了批示；同时催生了中共宿州市委出台了《关于加强新时期党校工作的意见》（宿发〔2009〕19 号），对完善办学设置，建立健全管理体制，切实加强党校教师和人才队伍建设，深化人事制度改革、确保党校所需经费等做出了明确规定。

2．按照审计调查内容分：涉及社会保障内容的 13 项，占 14.9%；涉及投资内容的 23 项，占 26.4%；涉及财政预算内容的 38 项，占 43.7%；涉及外资内容的 1 项，占 1.2%；涉及金融企业的 6 项，占 6.9%；涉及村级财务状况的 6 项，占 6.9%。（见图 3）

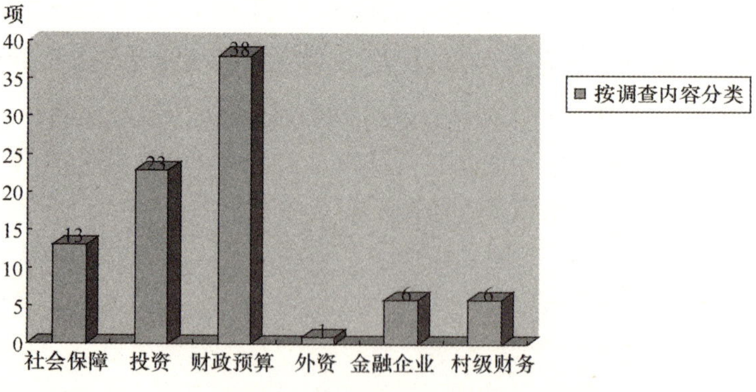

图 3　按调查内容分类

2009 年，通过实施“宿州市人口和计划生育经费审计调查”，发现了挤占挪用计生经费，截留、坐支社会抚养费收入等管理中存在的问题，对审计中发现的违法违纪行为进行了直接处理处罚。项目审计与审计调查相结合大大调动了县区审计机关参与专项审计调查的积极性，取得了突出成绩和良好的审计效果。上报市政府的审计综合报告分管市长做出了重要批示，通过专项审计调查，向市政府提出了科学合理的审计建议，报送的6篇审计信息专报，引起了市政府领导的高度重视，其中有4篇被市委常委、常务副市长做出专题批示。同时，该次专项审计调查催生了市委市政府两办联合出台了《宿州市社会抚养费征收管理意见》（宿办发（2009）37号），灵璧和砀山县政府也出台了“关于进一步加强社会抚养费征收使用管理”的相关文件。

总之，宿州市通过开展以上专项审计调查工作，大大拓宽了传统审计监督的范围。专项审计调查内容涉及财政预算、农业资源环保、投资、企业、社会保障等各个领域，是审计机关围绕党委、政府中心工作、服务经济社会发展大局的重要途径，充分体现了审计机关坚持“全面审计、突出重点”的工作方针，整合了审计资源，促进了审计工作向广泛化、系统化方向发展，提高了审计工作服务宏观管理的能力。

（二）专项审计调查面临的困境

尽管我市在开展专项审计调查工作方面取得了长足的进步与发展，但与审计署制定的《审计工作发展规划》的要求尚有一定差距。

1．关于专项审计调查的计划性和前瞻性问题。要搞好专项审计调查，必须超前谋划、选准调查对象，注重把握专项审计调查对象选择的可行性与必要性。当前，大多数审计调查项目往往是在发现苗头性问题后才组织进行的，专项审计调查项目的计划性不够；另外，上级审计机关在年初安排审计调查任务时，往往从自身的工作需要、技术力量出发，没有充分考虑到基层审计机关的实际情况和承受能力，导致部分审计调查项目不尽合理，形式化严重，达不到开展专项审计调查的目的，专项审计调查质量不高。

2．关于地方政府重视程度问题。在宿州市近三年开展的87项专项审计调查项目中，省厅年初计划安排项目65项，占74.7%；自行安排项目16项，占18.4%；本级政府安排项目为6项，占6.9%。这一数字说明，该市审计机关开展的专项审计调查项目还停留在应付上级审计机关布置任务的层面上，围绕当地党委、政府中心工作开展的专项审计调查不足，当地政府对开展专项审计调查起到的宏观性作用缺少足够的认识，有待进一步提高重视程度。

3．关于专项审计调查的质量控制问题。审计署6号令发布的《审计机关审计项目质量控制办法（试行）》，是针对审计项目制定的审计质量控制体系，该办法第九十八条规定：“对于专项审计调查，要求参照本办法执行”。两种不同的审计工作方式，在实施过程中存在相当大的差别：①因专项审计调查只对被调查单位的某一特定事项开展调查，承担的审计风险相对审计项目而言要小得多；②专项审计调查的目的是向各级人民政府提供经济运行信息，促进加强宏观调控，完善法规制度，而不是侧重于发现问题后的审计处理处罚，专项审计调查相对审计项目而言产生的审计纠纷要少得多；③由于专项审计调查涉及单位的分散性和不确定性，无法对所有单位实施内控测试，更难以确定重要性水平和评估审计风险，因此，编制专项审计调查实施方案难以完全参照《质量控制办法》执行。目前，专项审计调查项目进行审计结果公告的比例逐年增大，审计调查项目的社会关注面逐步扩大。如：宿州市 2009 年进行审计结果公告的项目全部为专项审计调查项目。因此，专项审计调查项目的质量控制应逐步引起重视，尽快研究出台《审计机关审计项目质量控制办法（试行）》针对专项审计调查项目如何参照执行的操作细则。

4．关于专项审计调查的方式方法问题。从选择具体调查对象上看，调查方法可以有普查、典型调查、抽样调查。但是大多审计机关在开展专项审计调查中，方式方法选用仍然单一、陈旧。专项审计调查方式方法明显滞后，一些审计调查项目仍然采用与项目审计相同的相关资料检查法，而问卷调查、填制表格、召开座谈会、信息简报等新方法使用较少。基本上满足于对调查对象财务收支数据的简单汇总，缺乏对发现问题的整体分析，特别是就一个行业的整体调查比较少，理论分析也比较单薄。

5．关于专项审计调查报告问题。作为专项审计调查成果的重要表现形式，专项审计调查报告应该客观、真实，文字表达力求准确、简洁、通俗易懂，要求审计人员要站在宏观、全局的高度，对制度、政策、机制、体制等方面的运行情况提出合理化建议。但在实际工作中，首先，受审计人员知识水平以及对宏观经济运行政策的把握、分析问题的能力等因素的影响，导致专项审计调查报告的撰写质量不高；其次，作为政府组织部门的审计机关，重大事项专项审计调查报告上报上级审计机关之前必须通过本级政府同意，从而使一些问题得不到真实全面地反映。如：宿州市 2009 年开展的政府投资保障性住房审计调查为例，专项审计调查报告反映的八个问题，经本级政府审核后，最终只能向上级审计机关报告三个问题。

6．关于专项审计调查的成果利用问题。有关部门利用调查结果的情况和落实政府领导同志批示的情况一般只向本级政府报告，审计机关很难全面掌握调查结果的利用程度。另外，由于向上一级审计机关报告的调查结果缺乏必要的信息沟通，下级审计机关想要了解掌握上级机关调查结果的实际利用情况也比较困难，专项审计调查的成果未能真正体现。

三、专项审计调查面临困境的原因剖析

（一）地方政府认识不足影响了专项审计调查作用的有效发挥

当前，社会上及政府领导对审计机关职能的认识仍然停留在对财政、财务收支的真实、合法、效益情况进行审计监督，重在对经济运行中微观客体的监督，容易

忽视审计参与宏观经济管理与评价的职能作用。进而对经济运行和管理中存在的突出和难点问题、人民群众关心的热点、焦点问题不能及时安排审计部门开展专项审计调查，不能充分发挥审计部门积极发挥宏观经济管理的参谋助手作用。宿州市2007年以来，市政府向审计机关交办专项审计调查项目较少，审计参与宏观经济决策与管理的职能作用没有能够得到有效发挥。

（二）基层审计机关的现状制约专项审计调查的有效开展

一是基层审计机关受到编制有限、人员知识结构单一。缺少具备工程、财务、计算机、经济管理、文字综合、环境保护等复合型知识结构的审计人员；专业技术力量严重不足，具有工程、造价、计算机、科技创新等专业经验的审计人员少，审计人员的综合业务能力还达不到胜任专项审计调查的工作要求。二是基层审计机关人少事多，疲于完成上级审计机关统一安排的审计项目和地方党委政府交办的经济责任审计项目，这些项目是硬性指标、必须力保完成，基层审计机关在完成这些审计项目后，很难有余力参与地方党委、政府的宏观经济决策与管理工作。三是专项审计调查的重点侧重于发现经济运行中机制、制度和管理方面存在的问题，向党委、政府提出合理化建议，而不是发现问题后审计处理处罚。对于经济相对落后的市、县级审计机关，审计业务经费不太宽裕的情况下，审计机关的业务取向更倾向于开展能够直接进行审计处理处罚的审计项目，以节约审计成本、弥补审计业务经费的不足。

（三）制度规范相对滞后羁绊专项审计调查质量的有效提升

《审计法》第二十七条规定，审计机关有权对国家财政收支有关的特定事项进行专项审计调查。《审计机关专项审计调查准则》第二条规定，将审计机关开展专项审计调查的适用范围进一步扩展到本级政府交办的特定事项。在实际工作中，审计机关开展的专项审计调查并未局限于国家财政收支有关或本级政府交办的特定事项，一些调查事项突破了上述法律法规所限定的范围。但是，这些审计调查满足了有关方面的需求，受到党委、政府的积极评价，理应得到审计法律法规的认可。为此，安徽省审计厅在制定《安徽省专项审计暂行办法》时，将审计机关开展专项审计调查的适用范围定义为“经济社会运行或者本级党委、政府交办的特定事项”。虽然审计署3号令发布了《审计机关专项审计调查准则》，对如何组织开展好专项审计调查做出了专门规范，但是，相对于审计项目的诸多规范而言，这一准则难以满足开展专项审计调查的客观需要，在专项审计调查方法、质量控制等多个方面缺乏具体的操作指南。

（四）强制性措施不够限制了专项审计调查成果的有效利用

首先，审计机关开展的专项审计调查工作更多的是注重服务，服务于党委、政府的中心工作，服务于重大决策部署贯彻落实情况的监督检查，服务于对管理制度、机制、体制等运行情况的评价与完善，而做出行政处理处罚不是主要目的。其次，审计调查的范围有时超出审计管辖的范围，对审计调查对象无法定约束力，必然会导致专项审计调查结果的不确定性和增加调查成本。最后，新修订的《中华人民共和国审计法实施条例》规定："依法属于审计机关审计监督对象的部门、单位有违反国家规定的财政收支、财务收支行为或者其他违法违规行为的，专项审计调查人员和审计机关可以依照审计法和本条例的规定提出审计报告，做出审计决定。"目前，尚未有根据这一规定做出审计报告、审计决定的实例，且不说如果审计决定引起行政诉讼，审计机关审计调查立项依据与最终审计结论性文书不一致，这在审计程序上是否合法仍存在疑问的问题；而对超出审计管辖范围的违法违规行为，审计机关只有移送权，移送查处问题的落实情况还需依赖高效的协调机制；在审计的实践中，这种协调机制是存在的，但对于自己不直接进行的处理处罚，一般在向有关单位提出审计建议后基本未能知晓提出建议的落实情况。

四、专项审计调查困境的解决构想

（一）积极宣传专项审计调查的特色和有效性

首先，应通过适当的途径向地方领导宣传专项审计调查的特点、作用和重要意义，让地方领导充分认识到专项审计调查是审计机关直接服务于党委、政府决策的良好渠道，树立运用专项审计调查的手段服务宏观决策的执政理念。其次，审计机关应积极创造条件侧重于围绕党委、政府的中心工作开展专项审计调查，变被动交办为主动查办，自觉担当起党委、政府宏观决策的参谋助手。如：宁波市审计局根据民意取向，2005 年开展了全市住宅小区物业管理费用收取和使用情况的审计调查，向市政府提出了审计建议，市政府在建议的基础上出台了《关于进一步加强宁波市物业管理工作的若干意见》，该项目被审计署评为"2005 年全国地方优秀审计项目"；2007 年开展了出租车管理及营运情况的专项审计调查，在调查的基础上对市公管处、交警部门及城管部门相关政策、制度建设等情况进行了审计评价，分析了出租车管理和运行中存在的问题，推动了出租车行业服务质量的总体上升。这两项审计调查的范围大大超出审计管辖范围，但审计调查成果却得到了审计署及当地党委、政府及群众的积极评价和认可，这两个案例也再次说明专项审计调查是审计机关直接服务经济社会发展的有效途径，也是全面履行审计监督职能的重要方式。

（二）有效整合专项审计调查的人力资源

一是提高自有人员综合素质。审计机关应持续地对审计人员进行专业、道德方面的培训，拓宽审计人员知识视野，使审计人员不仅具有工程、财务方面的专业知识，而且具有分析、鉴别、判断问题的能力，要不断改善审计人员的知识结构，使审计人员不仅成为财务会计方面的专家，而且要成为经济管理、计算机应用、文字综合等方面的得力人才。二是借助外援，建立专家库，整合审计资源。专项审计调查项目引入专家咨询机制，确定审计调查的重点和关键环节，提高专项审计调查的针对性。特别是在专项审计调查的评价阶段，通过专家从制度、理论和管理的层面分析研究前期调查中发现的问题，提出科学合理的建议和意见，提高专项审计调查报告的质量。

（三）积极创新专项审计调查的方式方法

因专项审计调查取证范围的广泛性和所需审计证据的多样性，调查时不仅要采取审计的常用方法，还要采取其他的调查取证方法。审计调查除可采用检查、监盘、观察、查询、计算、分析性复核等常用的审计方法来核实问题，还可运用诸如普遍调查、重点调查、分析研究、访谈法、问卷法等调查方法进行调查。如通过走访群众或向组织、纪检监察等部门了解被调查对象的整体情况、群众满意度，往往可发现对查找问题有利的线索，确立调查重点和审计调查技术方法。审计调查要坚持宏观与微观相结合。要通过点与面的有机结合、审计人员良好的专业判断，确立控制风险水平和可容忍误差，科学运用现代统计技术和方法，以抽样审查代替全面审查，有效减少审计工作量，节约审计成本，保证审计质量。要善于利用计算机进行辅助审计，可以省略大量的数据核对和比较等工作，达到降低审计风险，节约时间和成本的效果。

（四）探寻结合项目审计开展专项审计调查的有效途径

日常审计与专项审计调查既各有特点，又紧密相关，相互促进。注重日常审计问题量的积累，对属于审计机关管辖范围的审计调查项目，审计机关在年初安排审计工作计划时，可以结合项目审计开展专项审计调查工作，不仅可以尽快发现调查重点，克服因条件制约带来的调查深度、广度的不足，而且能够提高专项审计调查的质量。既有利于抓住普遍性、规律性、典型性的问题查深查透，并深入分析问题产生的原因、导致的危害、解决的办法，更好地为宏观决策服务，提高审计成效；又能达到加大审计力度，强化审计监督职能，完善审计自身建设的作用。

（五）建立健全专项审计调查的制度规范体系

从客观情况看，审计机关开展专项审计调查的实践已经走在制度规范的前面。审计机关在积极开展专项审计调查工作的同时，要注重总结开展专项审计调查的有益实践和经验，逐步健全专项审计调查的制度规范，推进专项审计调查的实践创新，为在更大范围、更高层次健全专项审计调查通用的制度规范体系奠定基础。逐步用制度规范的方式加强对专项审计调查的管理，从专项审计调查项目的年初计划管理到具体组织实施，从实施过程的质量控制到审计成果的复核，从调查报告的提出到成果的运用，都要逐步建立健全与专项审计调查工作相适应的制度规范体系，从而推动专项审计调查工作向科学化、制度化、规范化方向发展。

参考文献：

[1] 张永军，李鸣．专项审计调查的类型及主要环节[J]．审计调查，2004（10）：22.

[2] 常汉生．浅议地方政府实施专项审计调查存在的问题及建议[J]．商业文化，2009（4）：3～20.

[3] 曾卫红．浅谈专项审计调查执行“质量控制办法”的几点思考[J]．内蒙古科技与经济，2005（2）：84～85.

[4] 魏安学．以专项调查获取最佳审计效应[J]．中国审计，2007（1）：62.

[5] 常琪．“阳光审计”化解物业“烦恼”[J]．中国审计，2007（12）：32～34.

[6] 吴宗良，吴旭光．出租车“走好”了吗?[J]．中国审计，2009（8）：42～44.

浅议询问法在审计工作中的应用

李小一　崔炳辉

山东省莱西市人力资源和社会保障局

众所周知，不管是国家审计，还是内部审计，或是社会审计，询问法都是审计工作中一种十分常见、常用的审计方法，审计调查项目更是如此。实践表明，询问法运用的得当与否对审计工作的质量、审计工作的权威、审计人员的形象等在一定程度上起着十分关键的作用。可以说：一个好的审计询问，可以达到事半功倍的效用，反之，则事倍功半或者说是全盘皆输的结局。本文现结合对此项工作的实践和认识，就询问法在审计工作的运用方面的有关问题作一探讨。

一、何谓审计工作的“询问法”

据有关审计教科书解释：询问法又称为“面谈法”、“访谈法”等，是指审计人员与被审计单位有关人员进行面对面的交谈，以了解有关情况、收集审计证据的一种方法。审计过程中离不开人与人的交流，谈话是审计人员与被审计单位有关人员交流的一种最常用、最普遍的方式。

由此可见，询问法一般包括四个方面的含义：一是面对面，即审计人员与被审计单位、事项有关的人员进行的面对面的交流；二是人与人，即询问法的应用是审计人与被审计相关人的交谈式洽谈（座谈）；三是双方自愿，询问的方式以双方自愿的交谈为主，而不是强制性的、勒令式的；四是书面证据，即作为审计证据来说，通过询问法所获取的信息资料要形成书面记载，并由相关人员签名盖章才发生证据效力。

二、实施“询问法”的一般步骤

审计人员询问的过程可以是任意的、无准备的交谈，但作为一项正式的审计活动，一次有效的询问过程一般应遵循以下步骤：

（1）确定询问的目的；

（2）收集与询问相关的背景资料；

（3）确定询问要点、编制谈话提纲；

（4）确定询问的对象、约定询问时间、地点；

（5）确定询问方式、参加人员，统一询问口径；

（6）正式询问，做好笔录（包括当场书面记录或计算机记录，必要时应获取录音记录），取得相关的证据资料；

（7）在询问记录上签字认可。这方面一般应该有参与询问的人员和审计组长共同签字，并取得被调查人员的签字认可。

三、“询问法”的适用范围和条件

不管是国家审计还是内部审计，或者是社会审计，询问法在审计的各个阶段都是可以普遍运用的，但是在不同阶段运用的目的也都有所不同。现以审计的不同阶段为例，把握询问法的适用范围和条件：

（1）计划阶段。询问法主要运用于审前调查、有关内控制度分析测试和询问、有关经济活动资料分析和询问等，使用询问法主要是为了解被审计单位的有关情况，确定审计重点，为制订审计方案服务。

（2）实施阶段。询问法的使用主要是为了对审计揭示的有关事项和审计发现的有关问题收集相关的、更有力的审计证据，为最终做出审计结论服务。

（3）报告阶段。询问法的使用主要是为了与被审计单位沟通有关情况，对审计报告的内容达成一定程度的共识，为达到审计项目的如期目的服务。

（4）后续审计阶段（重点体现在内部审计）。询问法的使用主要是为了在检查、分析被审计单位在执行审计决定（报告）要求解决的事项或采纳的意见和建议时与被审计单位或有关人员进行的沟通询问，为确保项目质量服务。

四、“询问法”的应用艺术

（一）使用“询问法”应注意的问题

（1）要根据谈话的目的和被审计相关人员角色的分工，确定适合的谈话人员；

（2）实施询问法的审计人员对面谈中所涉及的领域要有足够高的知识水平；

（3）询问前要对询问内容做好充分的准备；

（4）询问中要进行书面记录，如必要可请被谈话人签字；

（5）询问时，可以由两名审计人员协作进行，一名审计人员负责提问，另一名审计人员负责记录。

（二）审计人员应该掌握的询问艺术

审计人员运用“询问法”，就像人与人之间反映、倾听一样，对所询问的问题可分成“封闭式”询问与“开放式”询问两种。

封闭式：一般来说，封闭式询问只要求“是”或“否”的回答而易阻断彼此谈话，有些封闭式问题则采用“反问”的问句形式要求听者附和其意。举例而言，审计人员质问被审计单位会计人员：你不认为购入固定资产应该先作增加“固定资产”科目而不能直接列“事业支出”科目吗？再如：审计人员大声质问被审计或调查人员：“你觉得不按照会计制度或财务制度去处理有关账务、报销有关费用对吗?”这种问话方式的目的在于使被询问的人员无反驳机会，只好乖乖认错。此外，以“是”、“是不是”等为首的问句也是一种封闭式的问句形式，例如：“账务是不是你处理的?”“（资产）是不是你用的?”等等。

开放式：与封闭式询问相反，开放式询问多是采用“哪里”、“何时”、“什么”、“谁”、“哪一个”或“如何”为首的问句形式。举例而言：审计人员表示：“对这事你有什么打算?”“这件事你有何感觉?”“你打算怎么处理这件事情？”——利用此种沟通方式能使审计与被审计、被询问的双方的谈话能继续下去，借此找出你所需要的信息，或分享彼此的感受，以达到审计工作的如期目的。

当然，“开放式”询问与“封闭式”询问也并非全部有效果，有时候也有其需要和必要，不能千篇一律，要分清时间、地点、人物、层次高低、素质高低、沟通方式等，不但要看其对询问问题提出后的脸色反应，更要揣摩其心理反应。

五、应用“询问法”对审计人员的素质要求

在实际工作中，无论使用什么样的审计方法，都是由审计人员来实施和操作的。作为一名合格的审计人员，必须学习、掌握一些常用的审计技术方法，这是衡量审计人员素质高低的一个重要方面，“询问法”同样如此。本人认为：每一名审计人员在使用“询问法”时都应具备以下素质：

①深刻领会和掌握“询问法”的具体内容和相关要求，确保询问法运用达到如期效果；②合理选择使用“询问法”时的背景、环境、地点、人物；③合理使用询问技巧和询问方式，不要把自己的主观臆断顺口说出，既要循循善诱，又不能盲目误导，远离主题；④注意询问内容是否齐全，切忌想起什么就随便询问什么，以免引起警觉、误解或反感；⑤注意使用“询问法”的要素齐全，做到时间、地点、人物、询问事项、记录内容要齐全、询问人和被询问人签字手续要完整。另外，参与询问的审计人员不能少于 2 人，并于询问完毕后当场取得有关证明材料，一些重要的询问事项能一气完成的不要拖至下午或次日，以免造成证据缺失，造成审计风险。

如何开展消防执法环节的审计监督工作

李　宁
辽宁省消防总队

《中华人民共和国消防法》的颁布，执法环节的审计成了公安消防部队审计监督工作的又一重要组成部分，作为监督体系的重要组成部分——公安消防审计必须与之相适应。积极开展审计职能，将内部审计的触角延伸至执法领域，既是创新审计工作的重要内容，也是强化消防执法队伍建设、服务地方经济和社会发展、推动消防事业又好又快发展的重要举措。开展执法环节审计工作，应做到以下几点：

一、修订制度，使执法审计有法可依

我国《审计法实施条例》对"审计"的定义是："监督财政收支、财务收支真实、合法和效益的行为"，而公安消防执法活动只有一部分行政处罚如罚没款等涉及财政收支活动，其他执法行为并未纳入审计范围，这就使得对整个消防执法环节的审计无法可依。

考虑到《审计法》及其《实施条例》的限制使得《公安边防、消防和警卫部队审计工作规定》相关条款无法修改，为合理规避审计风险，可由省级以上公安消防机构纪委牵头，由纪检、督察、干部、审计、防火监督、法制等部门共同研究，各自让渡一部分监督职能，借鉴审计比较成熟的经验做法，采取联合授权的方式出台统一的暂行规定，打破执法审计无法可依的局面。这样，既可避免与《审计法》等"母法"相冲突，亦可在顶层设计上使消防执法环节审计获得法规支撑。

该暂行规定的基本内容应包括公安消防执法审计的指导思想、审计机关和人员、职责权限和程序、审计对象范围等。由于这类审计还在探索中，相关条款可作原则规定，并授予下级制定实施细则的权力。

二、规范流程，使执法审计有据可查

执法审计与其他审计步骤相同，即分为准备、实施、报告、后续审计四个阶段，但每个阶段应结合执法审计的特点加以规范，使执法审计有据可查。

一是规范评判标准。评判标准科学与否，一定程度上决定着执法环节审计的成败。为规避审计风险，评判标准应由省级以上公安消防机构执法审计联席会议起草，征求相关部门尤其是防火监督部门的意见，报党委审批。评判标准应着眼于评价执法环节的真实性、合法性、有效性三个方面。真实性即审计执法行为是否客观存在，重点查看有无弄虚作假现象，如发现违法行为未依法实施行政处罚，辖区发生火灾未依法实施火灾调查，对举报投诉未依法处理，纸质案卷与防火监督管理系统不一致等。合法性即审计执法行为适用法律和程序是否正确，重点查看有法不依的问题。如受理和管辖范围、检查验收等程序、内容是否符合规定，行政处罚事实是否清楚，证据是否充分，决定是否正确，送达和案卷制作是否规范，法律审核、集体议案、裁量标准和罚款“收支两条线”等制度是否严格执行等。有效性即审计执法行为是否达到了预期目标，重点查看执法效果。如行政许可通过率、行政执法超期率、执法问题整改率以及辖区火灾四项指标，重大火灾隐患整改等。对于发生严重违法违纪、防火监督社会满意率低于70%，发生火灾后因执法不作为被追究执法过错责任等应直接评定为不合格。需要指出的是，执法审计评判标准还应划分行政领导干部和一般执法人员两个层次，对负有执法领导责任的干部还应增加制度完善、队伍建设、执法信息化等内容。

二是规范审前调查。鉴于执法审计的特殊性，可采取调查表的形式向纪检、督察、防火监督、法制等部门征求意见，也可制作执法流程图，以对执法流程的关键点、日常管理的薄弱点和问题集中的风险点做到心中有数。

三是规范实施步骤。首先，进行符合性测试，如发现执法案卷缺失严重、相关台账无法提供，多起重大案件复议申诉未决等事项，无法出具审计意见的应立即终止审计；其次，内查外调搜集审计线索。除在部队内部履行公示、述职述廉、座谈讨论、个别谈话等流程外，还可将这些环节向社会公开，并通过受理窗口实时评价、社会监督员满意率调查、执法回访等搜集审计线索。最后，提高专业判断水平。对期间短、执法业务量较小的可采取顺查法全面审计。对期间较长、业务量较大的应从防火监督系统、相关台账以及信访举报等渠道合理区分重要性和相关性，进行判断抽样。对罚款金额较大的、行政许可项目规模较大的、有重大影响的火灾原因鉴定等应列入审计重点。

四是规范审计方法。注重比对，将纸质案卷与网上记录相比对，查看有无“双轨运行”的问题，将日常检查与专项活动相比对，查看有无重量不重质的问题，将案卷与执法现场相比对，查看有无案实不符的问题，将处罚决定与罚款账目相比对，查看有无违反“收支两条线”等问题。此外，对于疑难案件，还应邀请法律专家参与，做出专业判断。

五是规范审计报告。突出执法审计报告的公正性和严密性，要全面客观、有理有据地反映执法情况，相关问题应主动征求被审计单位和个人的意见。另外，要本着监督与服务并重的原则，注重挖掘执法问题的根源特别是机制性、体制性的原因，提出具有建设性的建议。

三、健全机制，使执法审计有章可循

目前，公安消防部队执法环节审计仅能参照公安涉案财物部分审计内容，对整个消防执法环节的审计还处于探索当中。建立并完善相应机制，对于拓展审计领域，提高执法规范化水平尤为重要。

一是完善决策机制。应设立执法审计联席会议制度，由纪委牵头，纪检、督察、干部、审计、防火监督、法制等相关部门参加，办公室可设在审计部门。联席会议制度应明确各部门职责、例会时间、议事范围和程序，其承担的主要任务是：提出开展公安消防执法审计的意见；研究制定相关制度、规定和措施；审定执法审计计划；交流通报执法审计情况；提出审计结果运用建议；解决执法审计的困难和问题。

二是完善整改机制。整改集中体现了执法审计成果，同时对推进反腐倡廉、规范执法，回应人民群众的新期待意义重大。首先，强化审计结果运用。对负有执法责任的干部，要坚持“先审后离”的原则，未经审计不得离任；对于评价较差的，不得提职任用或交流到比较重要的执法岗位；对于执法出现重大失误、超期未整改的调离岗位并予以纪律处分。对单位进行审计的，要设置审计决定执行率、审计建议采纳率等指标，综合运用通报、公告、强制执行等手段，增强审计的震慑力和权威性。其次，发挥部门合力。明确纪检、督察、干部、审计、防火监督、法制等部门的职责，将审计结果纳入年度考核体系，且为一票否决项目。同时，将执法审计与反腐倡廉惩防体系建设相结合，经常性敲警钟，强化干部遵守法纪的意识。最后，完善跟踪督导机制。建立执法问题整改台账，实行责任挂钩，在督促被审计单位整改的同时通报上级防火监督部门；明确期限，适时回访，屡审屡犯的及时启动后续审计程序；严格执行定期报告、督导落实、跟踪检查、责任追究等相关规定，定期发布执法审计公告，落实整改目标。

三是完善保障机制。一方面，针对现有审计人员知识结构单一，执法实践经验严重不足的实际，加强审计干部队伍建设。通过集中办班、跟班实习、视频教学、巡回授课、精品评选、交叉考评等方式强化培训，更新知识结构；创造条件，鼓励攻读法律法规、防火监督等第二学历，提高自身素质；实行竞争上岗、双向选择，推进交流、轮岗、挂职锻炼等制度，使审计人员熟悉整个消防执法流程，开阔视野，丰富经验。另一方面，强化经费保障。将消防执法审计所需经费纳入年度预算，有条件的可发放审计津贴；按照标准配备移动执法终端等设备且与防火监督等系统互联互通，有条件的开发远程审计监督系统，实现实时监督。

四、试点先行，使执法审计有例可援

公安消防执法审计不能一蹴而就，应采取典型引路的方法，逐步积累经验再有步骤全面推行，达到以标准化固定执法审计要求，以流程化规范执法审计环节的目的。

一是提高认识，强化领导。拓展消防执法审计是提高执法水平和执法公信力的重要举措，也是消防部队落实公安部“三访三评”活动的具体体现。试点单位领导应把这件事作为事关全局的大事来抓，专门成立领导机构，军政主官亲自抓，分管领导靠前抓，班子成员主动抓，一级抓一级，确保抓出效果，抓出经验，圆满完成试点任务。

二是明确责任，统筹部署。试点单位应制订具体的推进计划，科学划分试点任务目标、方法步骤和保障措施，明确责任单位和具体责任人，各负其责，稳步开展，务求实效。

三是督导考评，落实奖惩。定期通报试点情况，定期例会研究解决问题。将试点任务纳入班子考评范围，作为评价班子和成员的依据。适时验收，总结表彰。

从国家治理实现途径论经济责任审计定位

李晨锋[①]

山东省审计厅

〔**摘要**〕本文从国家治理结构中存在两级典型的委托代理关系入手，论述了我国国家治理的实现途径，进一步在公共选择理论基础上对政府行为进行了深入分析，指出代理人的选用是国家治理实现的关键环节，但同时也存在着一定代理风险，经济责任审计是化解风险的有效手段，基于此种职能本文认为经济责任审计的监督范围应当进一步拓展，“责任审计”将是其未来发展趋势。

〔**关键词**〕国家治理　委托代理　公共选择理论　经济责任审计

国家治理是自有阶级社会以来最重要的政治现象之一。对于国家治理的概念，目前学术界尚无定论，综合已有的各种观点，有广义和狭义两个概念。从广义上讲，可以将其看作在一个既定范围内，维系秩序运转的所有公共部门、私人部门的正式和非正式的制度安排、组织形态和治理机制，以及它们之间的互动过程[②]。它的主体是多元化的，既包括政治行为主体，也包括经济行为主体以及其他社会行为主体，它不仅是一种政治理论，更是一种社会运动，是各个行为主体相互作用的过程。从狭义上来讲，国家治理即是政府治理，刘家义审计长在中国审计学会第三次理事论坛上对国家治理的概念进行了综合概括，他指出，国家治理就是通过配置和运作国家权力，对国家和社会的控制、管理和提供服务，确保国家安全、捍卫国家利益、维护人民权益、保持社会稳定、实现科学发展。在狭义的概念中，国家治理的主体只有一个，那就是政治行为主体，即执政党及其领导下的政府。本文将采取其狭义的概念，对我国国家治理的实现途径及经济责任审计的定位进行论述。

①李晨锋（1979—），男，山东济南人，山东省审计厅办公室主任科员，经济学硕士研究生，研究方向：财税理论。

②俞可平．治理与善治[M]．北京：社会科学文献出版社，2000．

一、委托代理视角下的我国国家治理的实现途径

在国家治理结构中存在两级典型的委托代理关系[①]：在第一级中，社会公众是公共资源的所有者，是公共资源使用的终极委托人，他们把公共权力的配置权委托给行政主管部门，即公共权力代理人；在第二级中，行政主管部门（公共权力委托人）再把公共权力的执行权委托给行政执行机关（公共权力行使人）行使。

由于各个国家的历史背景、发展环境和现实国情不同，两级委托代理关系中的委托人和代理人成分、阶层也各不相同。在我国，中国共产党是广大人民利益的忠实代表，“坚持和加强中国共产党的领导、明确中国共产党在中国政府治理中的领导核心地位，是中国政府治理能否真正进行的关键因素”[②]。我国国家治理的核心内容就是中国共产党对国家机关和国家各方面的全面领导，对国家的大政方针和重大事项直接决策。因此，在第一级委托代理中，中国共产党作为执政党，代表人民承担公共权力的配置权。配置公共权力的权力是实现党对国家治理的基础，只有被施以公共权力的机关才有行使治理国家权力的资格。而配置公共权力的行为又是通过党的组织领导来实现的，具体来讲，按照“党管干部”原则，各级党委通过对下级党委及同级政府部门主要领导干部的实际任免权，推行党的的路线、方针、政策、措施，从而实现对国家的治理。因此，在第二级委托代理中，又形成了党委与下级党委及同级政府部门的委托代理关系，从纵向上来看，党委把公共权力的执行权委托给下级党委；从横向上来看，各级党委把公共权力的执行权委托给同级人民政府。无论纵向还是横向，下级党委和同级政府面对的都是党委交付的一个多任务合同，合同的内容可能包括抽象的目标，如“调整经济结构，转变经济发展方式”等，也可能包括具体的目标，如“财政收入增长 10%”等，不同的是下级党委再将合同分解下放给下一级的党委和同级的政府，而同级政府即是合同的执行人，负责同级国家机关相关任务的贯彻执行。虽然两者的具体职责不同，在上级党委看来都是合同的执行者，即公共权力行使人，这点是没有分别的。因此，在这种层层委托的治理方式下，下级党委和同级政府落实党的路线、方针、政策情况就成为国家治理的关键环节。下面本文将对下级党委及同级政府部门的行政行为进行分析研究。

二、下级党委及同级政府部门行为分析——基于公共选择理论

因为下级党委及同级政府部门都是公共权力的行使人，为了方便表述，在下文

① 彭韶兵，周兵．公共权力的委托代理与政府目标经济责任审计[J]．会计研究，2009（6）．
② 马云瑞．中国政府治理模式研究[M]．郑州：郑州大学出版社，2007．

中，本文将他们统称为“政府”。在公共选择理论的视角下，政府是理性的经济人，它追求的是既定约束条件下的利益最大化。皮考克认为政府面对着三个大的政治市场：一是初级政治市场，在这里政府获得政策；二是政策供给市场，在这里政府为实现政策目标提供不同的行政手段；三是政策执行市场，在这里政府将行政措施付诸实施。下面，本文将依次对上述三个市场中的政府执政行为进行分析。

（一）初级政治市场

在初级政治市场上，党委是政策的供给者。在此本文假设政策的供给是有效的，实际上，党委的决策部署都是经过充分研讨论证的，符合广大人民群众根本利益和国家长远利益的（这不是本文论述的重点，在此不再多做赘述）。他们通过与政府定立的委托代理合同将国家治理的方针、政策提供给政府。由于党委手中握有政府首脑的任免权，这个市场实质上是一个绝对的卖方市场，政府在买卖双方中处于完全被动，不能有任何讨价还价行为，必须接受合同订立的全部内容。这在一定程度上，保证了上级治国方针的有力贯彻实施。

（二）政策供给市场和政策执行市场

合同约定的是一个预期的目标，要实现这一目标政府必须要选择合适的行政手段并付诸实施，下面引入政策供给市场和政策执行市场。在这两个市场上有一个重要的前提，那就是假设政府的理性是有限的，有限的理性既可能是因为对未知世界的无知，也可能是信息不对称，或者是在交易成本比较高的条件下基于成本—收益计算的“理性无知”。在这个假设条件下，本文认为政府的行为可以分为三种情况，为了对这三种情况作出准确说明，本文引进公共选择学派关于行政行为选择的三个模型，即仙女、半仙女模型（Good and Semigood Fair Model）、不确定世界模型（Uncertain World Model）和女巫模型（Wicked Wick Model）[①]，做进一步分析。

1．仙女、半仙女模型——“好心、有力、办好事”

仙女模型指的是政府只是解决市场不能解决或者不愿解决的事情，在这种状况下，政府的行为完全在其职责范围内，既不存在“错位”、也不存在“错位”，并且政府的行为是明智和理性的，其结果是帕累托最优，即人们都从政府行为中受益，而没有人受损；而半仙女模型则实际上是卡尔多补偿原则，即在改变中有人受益，有人受损，但是受益大于受损。即使加上半仙女模型，这仍是一种非常完美的状态，一方面政府有完成合同端正的态度，另一方面政府还具备高超的执政能力，能够出色地完成合同订立的内容、到达预期的目的，简而言之就是“好心、有力、办好事”。

2．不确定世界模型——“好心、无力、办坏事”

不确定世界模型是指由于政府的有限理性从而导致的无谓损失，进而又可以将

① 乔·B.史蒂文斯．集体选择经济学[M]．上海：上海人民出版社，1999．

其分为两种情况：一种是在政府职责范围之内的无谓损失，主要表现为政府对于一段时期经济社会发展状况估计不足，其短视的行政行为造成一定损失，如A年政府将城市主干道修为8车道，但是随着城市机动车辆的激增，数年后8车道已经难以满足交通需要，主干道面临拓宽，政府拓宽道路必然会造成一定损失，这就是一种典型的无谓损失，而如果当初设计建设成更加宽阔的车道，这种损失诚然就会避免。另一种是在政府职责范围之外的无谓损失，即政府“越位”和“错位”的区域，这些领域是不需要政府插手和干预的，一旦政府涉及市场自行配置有效的领域，无谓的损失便会接踵而至，如B市上年白菜价高，供不应求，当地政府便会实施“富民工程”强令农民每家每户增种白菜，结果可想而知——“菜贱伤农”，“富民工程”变成了“害民工程”，一片热心却办成了坏事。在这种模型中，政府具有强烈的完成合同的初衷，但是由于政府的执政能力有限，既可能出现短视行为，也可能不能正确分清政府弥补市场缺陷的区域，无论如何产生的结果都是负面的，造成了无谓损失，没有达到合同预期的目标，简而言之就是“好心、无力、办坏事”。

3．女巫模型——“坏心、办坏事”

在女巫模型中，政府会基于自身垄断租金最大化而实施机会主义行为，其后果完全是破坏性的。尼斯坎南的官僚政府模型是最成功的女巫模型之一[①]，这一模型涉及三个主要角色，分别是行政部门、立法部门和公众。行政部门即是政府；由于掌握行政部门首脑的任免权，立法部门可以代表党委；公众是纳税人和公共产品受益人。在这一模型中，政府面对的是一种双边垄断，如上所言，一方面，政府只能被动的接收党委的政策供给，立法部门实际上是一个垄断的买方；而另一方面，作为行政部门的政府也是一个垄断的卖方，在合同订立期间，政府是行政行为或者公共物品的唯一供给者，立法部门没有其他的选择余地。在这种情况下，最有资格对政府行为进行评价的群体——纳税人和公共产品受益人，由于缺乏对政府的首脑任免的话语权[②]，成为政治失语的群体，实际上不能形成对政府的有效监督，从而使政府实施短期行为和机会主义行为成为可能。在这一模型中，政府一方面身处诱惑，一方面却又缺乏有力监督，一旦缺乏必要的道德约束或放松对自我的道德束缚，便会大肆攫取垄断租金，从而侵害公众利益，违背党委的政策初衷，造成巨大的损失和浪费，远远背离了合同预期的目标，这是政府的有意为之，可以讲是“坏心、办坏事”。

三、国家治理实现途径中代理人的风险分析

决策和执行是国家治理的关键，这种国家治理实现途径下，实现国家治理决策

① 乔·B.史蒂文斯．集体选择经济学[M]．上海：上海人民出版社，1999．

② 郝书辰．土地征用、城建打捆项目融资与开发区热[J]．东岳论丛，2004（5）．

和执行的关键也有两个，一是委托代理关系，它明确了委托人和代理人分别承担的决策和执行的职责；二是合同，对每一份合同来讲，确定合同的内容便是决策，履行合同的内容便是执行。简而言之，这种国家治理的实现途径实际是以委托代理为基础，将治理国家的方针、政策和措施作为合同订立的内容，从横纵两个方向层层分解并落实的。这种实现方式的优势在于能够高效贯彻中央治理国家的方针、政策，保证上下、纵横政策的一致性，它的优势发挥主要依赖于代理人的正确选用。在没有其他有效监督手段和途径下，委托人只能将合同完成情况作为评判代理人履行情况的重要依据，甚至是唯一依据，倘若合同完成则委托代理关系继续，否则合同废止，更换代理人继续执行。根据前文的论述可知，对仙女和半仙女模型而言，这种方式是可行的，但是由于后两种情况的存在，仅以合同执行情况来考量代理人——政府首脑的业绩实现情况和执政能力无疑是不全面的，其中存在巨大风险。代理人的风险主要表现在以下两个方面：

第一，不能如实反映政府的履约情况。由于委托人和代理人之间信息传递链条过长，加上最靠近执行现场的纳税人和公共产品受益人不能形成有效监督，政府具有强烈的伪造合同的动机，特别是对于抽象合同内容，如“调整经济结构，转变经济发展方式”等，政府可以通过伪造信息等不道德的途径和手段，隐瞒执行的真实状况，造成已经履约的假象。

第二，不能如实反映政府的执政态度。即使合同能够如实反映政府完成合同的情况，对政府的努力程度的考量也是无法反映的。如前面不确定世界模式和女巫模型，在两者中政府行政行为都收到了不好的结果，即社会效用的损失，但是政府的态度是大相径庭的，一种情况下政府是积极的，只是无奈自身能力有限或特殊事件发生；而另一种则是政府故意为之。在监督失效的情况下，后者的理性选择将是将过错归结于客观因素，而否认主观上的机会主义行为，从而逃避委托人的惩处，在这种治理途径下，这是很容易实现的。

代理人风险的存在，一方面给少数存在机会主义行为的政府官员和缺乏执政能力的政府官员提供了生存空间，他们的继续留任，将对经济社会发展造成更大的损害；另一方面也挫伤了“优秀”官员的执政热情，甚至会动摇他们的执政理念，造成更多的机会主义行为。因此，必须要建立一种自上而下的新型监督方式。

四、经济责任审计的定位

经济责任审计是，国家审计机关受干部监管部门委托，依法对国家机关以及其所属部门和组织主要领导干部履行经济责任情况的审计监督和评价活动。它是我国审计事业发展到一定阶段的产物，是具有中国特色的社会主义审计形式，在国家治理中发挥了积极作用。

（一）经济责任审计在国家治理中的积极作用

近年来，随着相关制度的逐步完善，经济责任审计在加强干部监督管理、制约权力运行、揭示抵御经济风险等领域发挥了越来越重要的作用，特别是在推动完善国家治理方面，经济责任审计的监督职能更加突出，主要表现在以下几个方面：

第一，从经济责任审计的委托关系来看，经济责任审计是政党性审计，由干部监督管理部门向审计部门直接授权，由审计部门负责具体实施，审计部门实际上成为委托人的代表，直接向委托人反映代理人的履职情况，这直接切中了国家治理途径关键环节。

第二，从经济责任审计的实施方式来看，由审计机关直接对代理人的履职情况进行审查并评价，而不是由代理人自行呈报，这种方式极大地缩小了委托代理双方的信息链条，一定程度上能够如实反映代理人的履职情况。

第三，从经济责任审计的监督内容来看，根据中央办公厅、国务院办公厅制发的《党政主要领导干部和国有企业领导人员经济责任审计规定》中第十四条规定，经济责任审计的内容主要是领导干部任职期间本地区、本部门（系统）、本单位财政收支、财务收支以及有关经济活动的真实性、合法性和效益性，其监督内容包含了所有涉及经济责任事项，并且效益性审查在一定程度上考虑了时间的延续性，能够有效遏制机会主义行为，仅就考量经济责任而言，既可以评价代理人的执政能力，也能够评价代理人的执政态度，是较为全面的。

（二）经济责任审计的局限性

经济责任审计也具有一定的局限性。根据经济责任审计的定义，它是对经济责任履行情况的审查和评价，而不是对被审计对象全部履职情况的全面评价，只有与行使经济职权、履行经济职能相对应的业绩属于审计监督的范畴，而与之无关的业绩因不具有经济责任的性质，则不得不排除在审计内容之外。如对C省教育厅厅长的经济责任审计，可以对其任期内高校债务情况进行审计并追究经济责任，但是对于其九年义务制教育完成情况则不能开展经责审计。显然，仅靠经济责任履行情况来洞悉领导干部履职的全貌是不可能。

（三）基于完善国家治理的经济责任审计定位

如前所述，我国的国家治理是通过委托代理关系，即党委的组织领导实现的。当前，党委对领导干部的监督方式主要包括两种，即组织监督和行政监督。组织监督，也称“党的监督”，是党对国家行政机关及其工作人员的监督，具体由纪委和组织部门来承担，主要审查国家行政机关及其工作人员遵守党的纪律，贯彻落实党的路线、方针、政策情况；行政监督虽然由政府部门执行，但最终仍对党委负责或由党委授权，当前行政监督具体由监察机关和审计机关来承担，前者是对行政机关及其公务员和行政机关任命的其他人员执法、廉政和效能等情况的监督，后者即是经济责任审计，是对党政企领导干部履行经济责任情况的监督。从当前的情况看，组织监督已经较为完善，而行政监督中还留有监督盲区，具体来讲对于领导干部履行经济责任以外的职责情况还缺少相应的监督方式，本文认为这可以通过经济责任审计范围的拓展逐渐解决。

首先，经济责任审计是国家审计的一种特殊审计方式，由独立的国家审计机关受到干部监督管理部门委托实施，实质上是政党型审计，满足了“党管干部”的基本要求。

其次，与监察机关的行政监督相比，经济责任审计由专职的国家审计机关执行，具有更强的专业性，更易向其他领域拓展。在实务中，审计机关已经开始了对于“非经济领域”的审查监督，如环境资源审计，严格来讲，这已经超出了国家审计作为经济监督专职机构的职责范畴，但事实证明审计机关能够承担对经济领域之外其他领域的审计监督。

综上所述，本文认为，随着国家治理方式的逐步完善，经济责任审计将被赋予更多内涵、承载更多的内容，行政监督的盲区都将会划入国家审计监督范围，“责任审计”或者“问责审计”将是经济责任审计将来的发展趋势。

参考文献：

[1] 李金华. 审计理论研究[M]. 北京：中国时代经济出版社，2001.

[2] 董大胜. 中国政府审计[M]. 北京：中国时代经济出版社，2005.

[3] 左敏，朱德云，李森. 财政学[M]. 济南：山东大学出版社，2002.

[4] 俞可平. 治理与善治[M]. 北京：社会科学文献出版社，2000.

[5] 马云瑞. 中国政府治理模式研究[M]. 郑州：郑州大学出版社，2007.

[6] 乔·B. 史蒂文斯. 集体选择经济学[M]. 上海：上海人民出版社，1999.

[7] 彭韶兵 周兵. 公共权力的委托代理与政府目标经济责任审计[J]. 会计研究，2009，(6).

[8] 郝书辰. 土地征用、城建打捆项目融资与开发区热[J]. 东岳论丛，2004 (5).

[9] 王国俊，倪慧萍. 党政领导干部经济责任审计的本质及发展趋势[J]. 南京社会科学，2007 (11).

[10] 蔡春，陈晓媛. 关于经济责任审计的定位、作用及未来发展之研究[J]. 审计研究，2007 (1).

[11] 崔孟修. 经济责任审计对国家审计的丰富和发展[J]. 审计研究，2007 (6).

[12] 刘颖斐，余玉苗. 宪政视角下的党政领导干部经济责任审计[J]. 审计研究，2007 (3).

内部审计与内部控制体系建设浅议

徐合志

山东省莱西市农业局

【摘要】建立健全有效的内部控制是企事业单位健康发展的前提。内部审计不仅是内部控制体系的重要组成部分，而且是监督内部控制其他环节的主要力量。正确认识和处理内部审计与内部控制二者之间的关系，对于推进内部审计事业发展具有十分重要的现实意义。

【关键字】内部审计　内部控制

内部审计不仅是内部控制体系的重要组成部分，而且是建立健全内部控制体系的有效措施。在现代企业管理中，内部审计人员被赋予了新的职责和使命。本文结合实践和认识就内部审计与内部控制谈点看法。

一、关于内部审计及其定位

审计署《关于内部审计工作的规定》将内部审计的定义表述为："内部审计是独立监督和评价本单位及所属单位财政收支、财务收支、经济活动的真实、合法和效益的行为，以促进加强经济管理和实现经济目标。"具体表现在以下几个方面：

（1）审计目标由监督财政、财务收支活动，以确定其是否遵循真实、合法、效益性原则转向监督、评价本单位的各项经济活动，以促进加强经济管理和服务于实现经济目标——价值最大化。

（2）内部审计职能由单一的经济监督职能向以经济监督和经济评价为基本职能的多职能转变。

（3）从内部审计的内容看，正逐步从传统的财务审计发展为以财务审计为基础，包括财务事项和非财务事项的综合管理审计。

（4）内部审计的本质已不再定位于独立的经济监督活动，而是以服务为导向的经济控制机制。本质是职能的延伸。

正确把握内部审计的定义，正确定位内部审计的角色，对于加强内部审计建设意义至关重要。

二、关于内部控制含义的理解

据中国内部审计协会发布的《内部审计具体准则第5号——内部控制审计》给出的内部控制定义：内部控制是组织内部为实现经营目标，保护资产安全完整．保证遵循国家法律法规，提高组织运营的效率及效果而采取的各种政策和程序，由控制环境、风险管理、控制活动、信息与沟通和监督五个要素组成。可以从以下几个方面来理解内部控制的含义：

（1）内部控制具有一定的目的性，是为达成某种或某些目的而实施的。其本身是一种手段而非一种目的。

（2）内部控制是单位运营过程的一部分，与运营过程结合在一起，使运营过程发挥其应有的功能，并监督着单位运营过程的持续进行。

（3）单位中的每一个员工既是控制的主体又是控制的客体，既对所负责的作业实施控制，又受到他人的控制和监督。

（4）所有的内部控制都是针对“人”而设立和实施的，单位内部会因此形成一种控制景深和控制观念，直接影响到单位的控制效率和效果。

三、正确处理二者关系，切实加强内部控制与内部审计建设

基于以上对内部审计与内部控制的认识，就如何处理二者关系，加强二者间的建设提出以下意见和认识。

（一）内部控制主要是经营管理部门的工作

第一，内部控制的大部分工作都是经营管理部门的重要职责。首先，合乎标准的内部控制需要单位营造良好的“控制环境”，使员工树立正确的价值观，遵守正常的职业道德，而单位管理层又能够以恰当的管理风格和正确的激励机制，引导员工创造一种良好的控制文化。同时，设计适应业务发展的组织结构，配备合格的经营管理人员，制定合理和严格的规章制度，确立正确的目标和战略决策系统等等，也都是加强内部控制的必要环境条件。

第二，“风险评估”也主要是各经营管理部门的重要职责。传统的经营管理方式忽视对风险的识别和分析，而满足于执行指令。风险的防范有大量工作要做，包括对内部和外部的风险进行判别和预测，分析风险发生的可能性和概率；并在此基础上研究化解风险的种种控制措施。

第三，当风险已被发现之后，经营管理者还需要调动机构和人员，切实执行所

制定的“控制活动”，以便防范和化解风险，合理保证经营管理目标的实现。这方面的工作是十分细致的，包括高层检查，直接管理，信息加工，实物控制，确定指标，职责分离，等等。

第四，在信息科技突飞猛进地发展的时代，“信息与交流”是经营管理中的另一不容忽视的职能。

如果把如此丰富的内部控制工作统统推给审计部门，一个直接的恶果就是削弱了经营管理部门的风险意识和控制觉悟，使他们无意面对复杂多变的竞争形势。另外的一个后果是使审计人员不务审计业务，而去参与经营管理活动，自然分散了审计人员的注意力，也削弱了审计的独立性。

（二）发挥“二道防线”作用，加强内部控制检查评价

“监督评审”是内部控制体系的重要组成部分之一，其主要内容是对上述内部控制活动，包括“控制环境”、“风险评估”、“控制活动”和“信息与交流”等内容进行严格的检查监督和客观公正的评价。这包括从整体水平上和从业务活动水平上对内部控制进行持续性的或分别单独的评审。

对内部控制情况进行监督评审犹如设立一道道防线，而第一道检查监督的防线就应由经营管理部门的各级负责人监守，包括设置和执行岗位内部和岗位之间的相互牵制，进行前后台和部门之间的平衡制约，等等，并应不断在日常工作中监督评审内控的整体效果。他们要对内控的情况和问题及时进行分析和研究，把大量主要的风险问题在第一道防线予以切实解决。这种自我评价要规范化和制度化。在实际中，这种工作恰恰是疏于自我检查和评价，造成部分管理人员有章不循，一些基层单位问题成堆。

财会部门应当作为化解风险的第二道防线，财会人员负责行使后台监督的重要职能。业务的每一项收付和债权债务的发生都会在账面上反映出来，这本身就是一种监督；会计人员在会计核算中保证这种反映的真实、准确和完整，并有责任以会计资料为依据，控制企业经济活动按预定计划目标进行，并报告所发现的违法违规的财务事件；财会部门不仅要把第一道防线上遗漏掉的大量问题尽力查找出来，而且要从管理会计的角度，在更深层次和更大范围内发现问题，研究对策，预测风险，并提供信息。

如果认为对内部控制的检查评价只是内部审计部门的工作，上述两道化解风险的重要防线就会被忽略甚至取消。这一方面会大大削弱各单位防范风险的意识和能力，而且另一方面会因为大大加重内审部门的工作负担，而必然降低内审工作的质量，提高内审方面的监督成本。

（三）内部审计部门对内部控制的再监督负有极其重要的责任

所谓“再监督”，就是在前述两道防线之后的第三道防线。其重要性不仅仅在于内部审计已经变成了最后一道防线。尽管从监督职能的角度来看，内部审计部门的工作量应大大少于经营管理部门的自我监督检查和财会部门的管理监督，但是，内部审计部门应行使对内部控制进行再监督和再评价的特殊重要的职能。这种重要性主要表现在内审人员在严密的计划和组织之下，能够独立地按照单位领导机构的要求，有选择地对内部控制的各方面行使其检查职能，并能够将检查评价结果直接地反映到高级管理层乃至最高级领导人，然后有权督促内部审计建议的落实。

有人认为内部审计部门在经营管理部门的内控制度尚不健全的情况下去进行内控检查评价是“皇帝不急，急死太监”。这种认识忽视了审计部门有促进被检查单位完善其内控制度的重要作用。其实，大多数单位都有内部控制制度，只是其完善程度不同和执行情况不同。虽然内部控制水平的提高要靠经营管理部门进行大量实实在在的工作，但是，审计人员不能等待被检查单位的内控制度完善之后再去审计，而检查评价本身就是在促进被审计单位完善其内部控制制度，提高内部控制水平。现在，越来越多的经营管理者认识到加强内部控制的重要性，审计人员的任务就是要多在这方面提供咨询服务，以先进有效的内部控制检评方法，有计划和有重点地对各级经营管理部门的内部控制制度及其执行情况进行再监督检查。这里，检查的方法要规范，力求采用先进技术手段，并将检查评价结果独立地和及时地报告有关负责人和部门。

村级经济责任审计的有益探索

王德军

山东省莱西市姜山镇经管统计审计中心

山东省莱西市乡镇审计制度自1992年8月起实施以来，各镇（街道）、开发区普遍把村级干部任期经济责任审计列为审计工作的重要内容之一，做到逢离必审，经济责任审计在维护农村稳定、推进和谐社会建设等方面发挥着积极作用。据调研：2001年以来的10年间，15处镇（街道）、开发区共审计村级干部5675人次，其中：支部书记3789人次，村主任256人次，村会计、保管1630人次。2011年《中国内部审计》第十期专题介绍了莱西市开展村级经济责任审计的做法。

一是党委政府重视，领导体制健全完善。姜山、水集、夏格庄、日庄等镇（街道）都成立了由领导挂帅的审计工作领导小组，统一协调、规划、研究和指导经济责任审计工作。河头店镇以经统审中心为依托成立审计小组，分管领导挂帅，审计小组由经统审中心主任任组长，中心全体成员为组员，财政所、司法所、各管区协助参与，同步进行。

二是注重规范化建设，夯实审计发展基础。各镇（街道）、开发区普遍建立健全了经济责任审计方面的制度和办法，不断规范审计行为，加强审计工作规范化建设。孙受镇先后制发了《农村财务管理制度》、《农村集体资产管理制度》、《民主理财与财务公开制度》、《农村财务开支审批制度》等，对相关的审计范围、审计内容和审计实施程序等做出了一系列具体的规定。李权庄镇将村级干部经济审计制度列入镇《农村财务管理工作的规定》，每实施几年即作适时修改和完善。马连庄镇为事前防范村级干部犯错误、走弯路，出台了《关于规范村级干部行为的意见》及《农村财务管理制度规定》，从八个方面规范、约束农村干部财务行为。

三是扩大审计对象，探索审计新模式。目前，莱西的村干部经济责任审计已形成制度，成为乡镇审计的重头戏。从调研情况看，村级干部经济责任审计覆盖面已由原先单一的支部书记经济责任审计发展到现在的书记、主任、会计任期经济责任审计一并进行。2001年以来，各镇（街道）、开发区开展的村级干部经济责任审计中，支部书记占66.8%，村主任占4.5%，村会计、保管占28.7%。在组织形式上，由原来的离任审计为主发展到现在的“任中为主、逢离必审”的结合式审计。在审计模式上，由起初的事后审计为主发展为事前防范、事中跟进同步运行，将监督关口前移，把体制上、制度上存在的一些薄弱环节解决在萌芽状态。

四是拓宽审计范围，丰富审计内容。村干部经济责任审计不仅涉及履行职责情况，更进一步关注履责绩效；不仅兼顾好常规审计内容，更突出热点、难点问题的审计；不仅从微观上关注就事论事，更从宏观上关注三农问题、关注社会和谐。姜山、水集、南墅等镇（街道）将财政转移支付资金、新农村建设工程项目竣工结（决）算、五化工程资金、土地补偿费发放等事项等纳入村级主要负责人经济责任审计内容，进一步加强了对领导干部权力的制约和监督。

五是转变方式方法，注重求实创新。首先是探索实施任前审计。李权庄、日庄、马连庄等镇（街道）坚持在村级换届前开展一次大范围的村级财务“盘点式”审计，清理债权债务、明晰集体家底，为续任或接任领导划清了责任，增加了干部监督的透明度，有效地配合了村级换届的顺利进行。其次是开展“同步审计”。各镇（街道）普遍积极探索了支部书记与村主任经济责任同步审计，提高了审计效率，避免了重复劳动，减少了审计成本。最后是创新工作机制。姜山、河头店、望城等镇在开展经济责任审计时突出一个“合”字，注重与纪检、司法、信访等部门协作，较好地提高了审计的深度、广度和力度。李权庄镇在村党支部书记因工作需要调整、任免通知下达公布之日，即通知村经管员截止财务收支业务；农村代理会计即行截止结账，打印出期末资产负债及各明细科目余额表，监督办理职务交接；组织该村的代理会计参入进行离任审计；审计结果经当事人确认核定后，上报镇领导和通报当事人，并负责做好离任者和接任者的工作监督移交。

六是强化结果利用，扩大审计成效。院上、南墅等镇实行审计结果通报制度，审计结果报告由镇经统审中心单独出具后，分别报送镇党委书记、镇长、纪委书记、组织、人事等领导手中并抄送被审计单位和干部本人，增加审计的透明度和结果利用程度。孙受镇党委政府始终把经济责任审计看作是“管干部、正党风、促发展”的重要措施，十分重视审计成果应用，在每年的年度考核中，把审计成果作为排名次、定奖惩的重要内容依据；把任期经济责任审计反映出来的带有普遍性、倾向性的问题分类汇总，通报全镇，起到警示作用。姜山等镇对审计发现问题整改情况建立了跟踪检查制度，对“新官不理旧账”问题必要时采取组织措施。日庄镇实行审计结果公开制度，审计一个，公开一个，给群众一本“放心账”、“明白账”。

总结回顾莱西市开展的村级领导干部经济责任审计经验，主要得益于指导思想明确，“四个服务”到位：

一是服务于党委、政府中心工作。各审计机构紧紧围绕促进农村社会经济发展、维护农村和谐稳定这条主线，不断充实和完善审计监督的内容和重点。2001 年以来被采纳的审计建议 1036 条，促进村级组织建立健全各类内部管理制度 540 项，促进党委、政府建立健全村级内部管理制度 80 项。

二是服务于维护农村市场经济秩序。通过开展村级经济责任审计共查处重大违纪违规金额 969 万元，发现大案要案线索 12 起，向司法机关移送案件 46 起，建议给予行政处分 36 人，移送司法机关处理 12 人，处理了农村经济发展中的“害群之马”，农村的党风廉政建设工作明显好转。

三是服务于农村基层民主制度建设。通过审计，既有效地规范了村干部经济活动决策和财务人员处理财务事项的行为，增加了村级财务透明度，有效地消除了干群之间的误解和矛盾，还干部一个清白，给群众一个明白，农村基层民主建设进一步得到加强，国家出台的惠农政策在全市农村得以顺利实施。

四是服务于农村干部的管理和监督。各镇（街道）、开发区普遍作出规定：对村级负责人不管什么原因离任，都要经过审计，未经审计，不得离任。通过开展农村干部任期和离任审计，重点关注村干部行使经济决策权、经济管理权、经济政策执行权以及廉洁行政情况，查处了各类管理不规范和违反财经法规、违反廉政纪律的问题，为离任者明确了是非、澄清了事实，进一步促进了村干部严格履职、履责、守法、守纪，达到了干部群众都满意的良好效果。

浅谈医院内部审计机构的建立、困境及运转

张丽新

深圳市龙岗区中心医院

〔**摘要**〕随着审计理念的传播和医院渗入市场经济的深入，上级部门及国家政策直接催生医院内审机构的设立和普及。在这个过程中，构成医院审计部门的几个主要方面一开始就都出现了大量问题。对此，笔者认为应该从管理层、内控体制、审计队伍及职业审慎四个方面系统推进，推动医院审计机构的健康运转。

〔**关键词**〕医院审计机构　构建动因　内部控制　审计队伍

一、构建医院审计机构的动因分析

近几年，随着内部审计及风险管理、内部控制等相关理念的传播，众多医院纷纷建立了审计机构。对此，笔者认为有如下几个促动原因：

一是内部审计在逻辑上提供了理论基础。根据IIA的定义，内部审计是一种独立的客观的保证和咨询活动，它通过应用系统的、规范的方法，评价和改善风险管理、控制及治理过程的效果，帮助组织实现其目标，是协助管理层及时规避、管理风险的活动，是推动包括医院在内的一切组织健康发展的保证。

二是医院不断渗入市场经济的趋势强化了内部审计的迫切性。随着医院运行机制的不断改革及部分公立医院的改制重组，越来越多的公立医院由纯粹的事业单位转化成特殊的市场经济主体，失去计划经济体制保障的医院面临着各方面的很多风险，需要持续、系统地开展审计工作，预先确认、评估经营风险、财务风险、决策风险，为医院在经济大潮中有效搏击保驾护航。

三是上级干预和政策推动直接促生了内审部门的建立。自1983年我国恢复审计制度以来，不断有声音动议在医院构建审计部门，几十年来部分医院设置了内审岗位或审计机构。2006年，卫生部颁布了《卫生系统内部审计工作规定》，硬性要

求一定规模的医院必须设定独立的审计机构，实行全面的预算管理，直接推动了构建医院审计机构大潮的到来。

二、医院审计机构的关键问题

根据卫生部2006年颁布的《卫生系统内部审计工作规定》，医院审计机构的设置具体包含队伍配备、相关制度、明确职责、配套资金等多个方面。对此，医院在构建审计机构初期，均存在着程度不一的问题，其中最关键的问题有如下四点。

一是审计队伍素质低劣，容易产生审计风险。由于负责相关具体工作的个别领导对审计工作认识不足导致相关准备工作过于草率，部分医院构建审计机构时往往直接让财务人员转岗凑数，他们在审计方面缺乏起码的知识素质和实践基础，更没有审计人员必要的道德品质和职业审慎。他们缺乏确认、评估舞弊、经营、财务等各种风险的胜任能力，远远达不到开展风险导向审计工作的需要；即使看到了问题所在，也往往会顾忌领导或同事而不能秉笔直书地写入审计报告中，不能有效发挥审计工作的作用，反而容易蔓生致命的审计风险。

二是制度构建漏洞百出，缺乏适当的内控及审计环境。“好的制度能够让坏人变好，坏的制度能够让好人变坏”，制度的适当及完善与否直接决定了审计环境和氛围的养成。大多数医院构建审计部门初期，常常采取在纪检检查部门或者财务部门附设的形式，随之在纪检规程或财务规章中增添几个相关条文；部分医院虽然出台了独立的审计规程，但远未形成体系。这种漏洞百出的制度致使内控环境极差，大家对存在问题司前空惯，不以为然，审计人员很难有所作为。

三是职责划分不明确，不作为现象极其严重。对于审计机构的职责和任务，《卫生系统内部审计工作规定》用了六条十八项条款进行详细说明，在理论上基本确定了大体范畴。不过，在实际工作中因为人情�、审计难及领导的不重视，内审部门基本上没有什么具体的工作目标和日常审计项目，成为仅供配合上级检查等相关活动的摆饰。

四是管理层的素质不能与时俱进。目前，医院普遍存在医疗专业领导重医疗轻管理，滞后的管理体制、墨守成规的工作方式致使医院内控环境差，漏洞多。这背后的原因在于管理层的思想观念尤其是思路滞后，处理相关事务失当。走向市场经济后，由于医院经济实体不断发展、壮大，经济活动更加灵活无序，“一把手”身为医院法定负责人，经济活动全面负责又无法事事躬亲，他的工作要靠单位各部门的共同配合，如果单位内部管钱管物科室负责人责任心不强，私心太重的话，极易对职能管属加强内控，完善机制，堵塞漏洞，筑牢反腐防线持消极的态度，而“一把手”法定负责人业务繁责任重，许多业务出于信任签名盖章，如此大部分经济实体几乎失控：权力腐败，贪污受贿，铺张浪费，违法乱纪的现象比比皆是，单靠法定负责人无法保障单位财务收支及经济活动的真实性，合法性，效益性。

三、推动医院审计机构健康运转的思考

医院审计机构系列问题的存在，严重束缚了审计工作的开展，影响了内部审计作用的发挥。对此，笔者认为应该从如下四方面入手，推动医院审计机构的健康运转：

一要做好“一把手”的工作，确保医院审计部门独立性。在现行的医院体制中，“一把手”是制约内审部门能否健康运转的关键因素，得到单位内部的高度认可，尤其是“一把手”的支持是审计工作得以顺利开展的关键。为了使单位法定负责人的财务责任、经济责任、管理责任真正落实到实处，对医院与“一把手”负责，设立独立的内审机构，为法定负责人负责监督，评价管理层及员工们经办经济业务的真实性、合法性、效益性，内审人员通过开展单位内部管钱管物科室负责人经济责任审计，要求他们切实支持审计部门的工作，履行对审计工作的职责，促进他们加强管理，建立健全内部控制制度，勤奋做事，廉洁做人，持秉公用权，身先士卒地做一个有工作绩效的人；做好“一把手”的工作，在年度预算方面给审计工作开辟独立项目留足额度，在权力和资金方面为审计部门的独立运转提供坚强后盾。为将来对法定负责人开展经济责任审计打下良好基础。

二要加强内部控制，营造良好审计环境。根据特定医院的具体情况，不断完善制度，加强内控，规范执业行为，落实责任制，推动全体职工树立“利益同盟、共同治理”的意识，互相配合、互相促进、互相监督把共同的“大家”经营好，拥护审计人员维护“大家”利益开展审计工作提供良好审计环境。在医院内控制度的基础上注意构建完善内部审计机制，建立并毫不打折地履行对审计证据、审计工作底稿、审计报告的“三级”复核制度，在机制上保证内部审计工作自我强化干扰能力，推动独立运转。

三要打造素质优良的医院内审队伍。在特定医院层面，应该强化既有人员的培训和选拔，通过优胜劣汰的方式洗练精华，充实他们在审计理念、方法、模式等方面的素养，在允许的情况下引进新生力量；在宏观社会层面，审计机关、审计协会、第三方独立组织、审计院校、审计职业教育机构及同行业医院内审等组织齐心协力，整合资源，推动审计职业教育发展，注重 CIA、CCSA、CRMA 等专业资格认证教育，全方位、系统地打造内部审计力量。

四在职审计人员时刻注意自律和慎独。医院内部审计人员与本单位员工长期共事，有一定的利益关系和感情联系，很容易出现审计舞弊风险的发生。对此，审计人员应该时刻注意并养成自律和慎独的习惯，坚持应有的职业审慎，按程序办事，不因人情世故而破坏原则，不携带个人情绪和恩怨进入工作，充分发挥内部审计工作的基础防线作用，促使审计“免疫系统”功能不断完善进而持续高效发挥作用。

跋

《财会工作理论研究与实践探索（第四辑）》汇集了近几年在中国内部审计协会、各省市会计学会、审计学会等评选中获奖的部分专业论文、科研课题以及典型案例。它是从近百篇来稿中精选出来的，其中有的论文或案例已经在国内权威期刊发表过。

本辑的专业论文或科研课题都是经过多年从事财会、审计工作人员的实践检验，被实践证明是行之有效的经验材料，具有一定的代表性、典型性、创新性和可推广性。本辑的论文、课题不仅内容丰富，而且撰写模式、分析方法和研究角度也成为广大财会工作者的首选范式。

最后感谢编辑部的各位专家学者，感谢他们提出的宝贵意见和建议，特别感谢各位作者以及他们的合作者，相信广大读者朋友们一定会从中受益匪浅。

编辑部

2012年10月

《财会工作理论研究与实践探索》第五辑征稿函

《财会工作理论研究与实践探索》是硕博睿智国际经济研究所主办的、一套理论联系实际、积极关注财会问题的大型学术图书，是我国广大财务、会计、审计、金融、税收等经济工作者不可或缺的日常读本和工具书。本书以反映财经工作现状、关注财经事业、积极探索财经理论的发展之路为己任，以广大财经工作者为主要阅读对象。

本书主要内容包括财会研究、财务成本管理、经济责任审计、风险导向审计、内部控制与审计、国家审计等，并且在采编和选题上突出了前沿性、指导性、实用性、知识性等题材。

本书秉着促进我国财经理论繁荣与发展，推动财经学术与创新，以便更好地为财经改革和经济建设服务的宗旨，始终坚持唯质论稿、力推新人的原则选稿、用稿，对于专业论文和科研课题不限版面不限字数，一贯主张兼收并蓄。我们相信在财经界各位朋友与同仁的共同努力下，《财会工作理论研究与实践探索》一定能够发布一系列开创性的、跨学科的研究成果，培育出一批批具有德才兼备的财经工作者。

一、征稿对象

1．各企、事业单位的财务、审计负责人；2．潜心研究财经理论的专家和学者。

二、来稿要求

1．来稿除了正文还要求有摘要、关键词、参考文献，摘要为100—300字，关键词3—5个，参考文献附于正文尾部，字数4000—6000字为宜；

2．来稿优先发表国家、省部基金项目成果，请在文中标明国家有关部门规定的基金名称和项目编号；

3．来稿需注明作者姓名、职务、联系方式及邮寄地址等必要信息；

联系人：张永（采编部）　　投稿邮箱：ceo2009@126.com

手机号码：13718007121

通讯地址：北京市通州区通朝大街323号长城国际大厦D区1211室

《财会工作理论研究与实践探索》编辑部网址：www.shuoboruizhi.com